保存のできる合わせだれで

そこそこきちんと、まいにち作れるおいしい献立

高山かづえ

はじめに

手作りの合わせだれで、
忙しい「まいにち」に少しのゆとりを

「きちんとごはんを作りたい」という気持ちはあれど、それは「まいにち」のこと。
忙しくて時間がない日、私自身もよくあります。

そんな中、手軽な合わせだれが冷蔵庫にあるだけで、少しだけど手間が省けます。
簡単にできるけど手抜きでなく、手作りならではの安堵感が広がります。
お塩などの調味料だって、お気に入りを見つけておくと台所に立つのが楽しくなります。
茹でた野菜や焼いたお肉に、たれや調味料をかけるだけでも、もうそれは立派なお料理。
盛り付けは少し「きちんと」を心がけるだけで、おいしそうになるものです。

この本で「まいにち」のごはんが簡単でおいしくなり、ぱぱっとごはんを作って
「おいしいねぇ。で、今日はどうだった？」という会話の時間が
少しでも長くとれると嬉しいなぁ、と思います。

髙山かづえ

もくじ

- 2 はじめに
- 10 この本について、知っておいてほしいこと
- 108 食材＆たれ別さくいん

6 さっと作れて、保存可能な
8種の合わせだれ
甘辛しょうゆだれ／甘辛みそだれ／ナンプラー唐辛子だれ／オイスターしょうゆだれ／豆乳マヨだれ／ごま酢しょうゆだれ／しょうゆ昆布だれ／うま塩昆布だれ

[コラム]
- 32 献立の考え方と愛用調味料について
- 54 保存と調理のちょっとしたコツ
- 90 出汁と昆布の話

76 作っておけば、とにかく便利
10種のつけ合わせ
大根の大葉しょうゆ漬け／キノコの炒め煮／味付け卵／きゅうりと香味野菜の刻み漬け／白菜の中華風漬け物／紫キャベツの酢漬け／かぶの葉のアンチョビ和え／かぶとセロリの浅漬け／昆布とかつおの山椒煮／長芋のみそ漬け

その1
肉がメインの献立

- 12 豚のみそ風味しょうが焼き献立
  豚のみそ風味しょうが焼き、たたき長芋の梅和え
- 14 鶏のから揚げ献立
  鶏のから揚げ、焼きキノコとクレソンのうま塩スープ
- 16 牛肉のレモンマリネソテー献立
  牛肉のレモンマリネソテー、トマトのクリーミーカレーサラダ
- 18 鶏の照り焼き献立
  鶏の照り焼き、きゅうりのごま酢和え
- 20 にんにく風味の牛肉のタリアータ献立
  にんにく風味の牛肉のタリアータ、マッシュルームのオープンオムレツ、紫キャベツの酢漬け
- 22 みそだれトンカツ献立
  みそだれトンカツ、小松菜とちくわの煮浸し
- 24 肉団子の黒酢あんかけ献立
  肉団子の黒酢あんかけ、大根の青じそたっぷり塩揉みサラダ、長芋のみそ漬け
- 26 レンジ蒸し鶏のナンプラーソースがけ献立
  レンジ蒸し鶏のナンプラーソースがけ、ほうれん草とパプリカのガーリック炒め、昆布とかつおの山椒煮
- 28 和風トマトソースのポークソテー献立
  和風トマトソースのポークソテー、レモン入りコールスローサラダ
- 30 手羽先の塩麹バター煮献立
  手羽先の塩麹バター煮、かぶとオレンジの柚子こしょう和え

その2
魚介がメインの献立

- 34 ぶりの照り焼き献立
  ぶりの照り焼き、レタスとベーコンのみそ汁
- 36 さばのトマト蒸し献立
  さばのトマト蒸し、サラダ菜とハムのサラダ
- 38 鮭の南蛮漬け献立
  鮭の南蛮漬け、れんこんの山椒きんぴら
- 40 真鯛とセロリの昆布締め献立
  真鯛とセロリの昆布締め、厚揚げのナンプラー和え、キノコの炒め煮
- 42 えびのピリ辛オイスターソース炒め献立
  えびのピリ辛オイスターソース炒め、じゃがいもの黒酢炒め
- 44 めかじきのカレーソテー献立
  めかじきのカレーソテー、洋野菜のホットマヨサラダ
- 46 鮭のごまみそ焼き献立
  鮭のごまみそ焼き、水菜と油揚げの塩麹スープ、かぶとセロリの浅漬け
- 48 かれいの煮付け献立
  かれいの煮付け、キャベツとひじきのさっと炒め
- 50 かつおステーキのごま酢ソースがけ献立
  かつおステーキのごま酢ソースがけ、アボカドのエスニックサラダ、味付け卵
- 52 梅風味のさばみそ煮献立
  梅風味のさばみそ煮、ねぎごまレンジ蒸しなす

その3
野菜がメインの献立

- 56 じゃがいもとベーコンのクリーム煮献立
  じゃがいもとベーコンのクリーム煮、
  アンチョビのグリーンサラダ
- 58 きゅうりと牛肉のコチュジャンしそ炒め献立
  きゅうりと牛肉のコチュジャンしそ炒め、
  パプリカとかまぼこのスープ、白菜の中華風漬け物
- 60 まいたけと桜えびのかき揚げ献立
  まいたけと桜えびのかき揚げ、まぐろとトロロの冷や奴
- 62 アスパラ肉巻きのチーズパン粉焼き献立
  アスパラ肉巻きのチーズパン粉焼き、
  かぼちゃの甘辛煮
- 64 菜の花といかのナンプラー炒め献立
  菜の花といかのナンプラー炒め、
  ひき肉と卵の甘辛炒め
- 66 トマトと鶏肉のスパイス煮献立
  トマトと鶏肉のスパイス煮、
  ズッキーニのマスタードマヨサラダ
- 68 ニラたっぷり麻婆豆腐献立
  ニラたっぷり麻婆豆腐、春菊とパクチーのサラダ
- 70 白菜と豚肉の塩レモン蒸し献立
  白菜と豚肉の塩レモン蒸し、
  カリカリじゃことトマトのサラダ
- 72 かぶとキャベツのうま煮献立
  かぶとキャベツのうま煮、
  にんじんとしめじの明太バター和え
- 74 半玉レタスと豚肉のオイスター炒め献立
  半玉レタスと豚肉のオイスター炒め、
  じゃがいもの柚子こしょうマヨ和え

その4
ご飯・麺

[ご飯]
- 80 豚玉どんぶり
- 81 セロリとハムのピラフ
- 82 和風キーマカレー
- 83 ごまねぎ風味のサーモンどんぶり
- 84 豚バラとパクチーのチャーハン

[麺]
- 85 ニラ玉焼きうどん
- 86 ねぎしょうゆのコクうま焼きそば
- 87 ツナとレモンの香味パスタ
- 88 アボカド明太サラダうどん
- 89 豆苗と豚肉の辛みそ焼きそば

その5
副菜・汁物

[副菜]
- 92 ピーマンのごまみそ炒め
- 92 白菜とちくわの梅マヨ和え
- 93 かぼちゃとナッツのサラダ
- 93 なすとオクラの焼き浸し
- 94 キャベツと卵のオイスターだれ炒め
- 94 白身魚と紫玉ねぎのマスタード和え
- 95 れんこんのバルサミコグリル
- 95 にんじんとパプリカのケチャップ炒め
- 96 大根のみそマヨ炒め
- 96 青梗菜のうま塩オイル茹で
- 97 もやしとさつま揚げのカレー煮
- 97 えのきのコチュジャン和え
- 98 ミックスビーンズとアボカドのごま酢サラダ
- 98 たことパプリカのピリ辛炒め
- 99 長芋のうま塩こんがり焼き
- 99 白菜のエスニックレモンサラダ
- 100 キャベツとホタテの海苔マヨ和え
- 100 エリンギと大豆のきんぴら
- 101 大根と豆苗のザーサイ和え
- 101 じゃがいもの山椒みそ炒め

[汁物]
- 102 なすと油揚げのみそ汁
- 102 豆腐とキムチのおかずスープ
- 103 水菜とはんぺんの和風スープ
- 103 トマトともやしのピリ辛スープ
- 104 オクラと干しえびのスープ
- 104 ごぼうと鶏肉の和風スープ
- 105 かぼちゃのカレースープ
- 105 大根の梅昆布スープ
- 106 ほうれん草と豆腐のスープ
- 106 かぶとホタテのポタージュ
- 107 きくらげのかき玉スープ
- 107 ズッキーニと厚揚げのみそ汁

さっと作れて、保存可能な
8種の合わせだれ

料理のたびに調味料をいくつも計量するのは、時間がかかるし面倒なもの。そこで頼りたいのが、作って保存できる合わせだれです。どれもシンプルなので、そのままはもちろん、甘みや香りを足したりとアレンジしやすいものばかり。和風・洋風・中華風、さらにエスニックまであるので、いろいろ試して8種の中からお気に入りを見つけてみて。

◎作り方はすべてp8-9へ

❶ 甘辛しょうゆだれ

❷ 甘辛みそだれ

❸ ナンプラー唐辛子だれ

❽ うま塩昆布だれ

❼ しょうゆ昆布だれ

❻ ごま酢しょうゆだれ

❺ 豆乳マヨだれ

❹ オイスターしょうゆだれ

合わせだれの作り方

	たれについて	材料と作り方
❶ 甘辛しょうゆだれ	コクのある甘辛味に仕上げたい料理にぴったり。酒が入っているので、加熱するのが基本の使い方。和え物に使う場合は一度煮切ればOK。 [保存] 冷蔵で2〜3週間	[大さじ10杯分] 酒、しょうゆ……各大さじ4 砂糖、みりん……各大さじ2 すべての材料を合わせる。
❷ 甘辛みそだれ	スッキリした甘さがポイント。好みで砂糖を追加してもOK。❶と同様に酒が入っているので、煮物や炒め物などの加熱調理用。和え物には一度煮切ってから使って。 [保存] 冷蔵で2〜3週間	[大さじ9杯分] 酒、みそ……各大さじ4 砂糖、みりん……各大さじ1 すべての材料を合わせる。
❸ ナンプラー唐辛子だれ	青唐辛子の辛さとうまみが染み出した、エスニックな合わせだれ。漬かった唐辛子をおつまみ代わりにしても美味。加熱でもそのままでもOK。 [保存] 冷蔵で2〜3週間	[大さじ9杯分] 青唐辛子……10本 ナンプラー……大さじ6 青唐辛子は小口切りにする。すべての材料を合わせて、30分以上おく。 ※青唐辛子は品種によって辛さが異なるので、好みで量を加減して。
❹ オイスターしょうゆだれ	牡蠣のうまみ溢れる、濃厚だれ。炒め物や煮物に加えるだけで、コクが出て奥深い味わいに。酒が入っているので加熱調理用。 [保存] 冷蔵で2〜3週間	[大さじ9杯分] オイスターソース、酒、しょうゆ ……各大さじ3 すべての材料を合わせる。

材料と作り方	たれについて	
[大さじ9杯分] 米油(もしくは好みの油)……1/2カップ 豆乳……………………………大さじ2 酢、フレンチマスタード…各大さじ1/2 塩………………………………小さじ1/4弱 こしょう………………………少々 ボウルに豆乳、マスタード、塩、こしょうを入れ、泡立て器で混ぜる。油を少量ずつ加え、その都度よく混ぜる。もったりした質感になったら、酢を加えて混ぜる。	マヨネーズより軽やかで、ドレッシングより味の馴染みが良い、両者の中間調味料的な存在。油はクセがない米油を使うのがオススメ。 保存　冷蔵で1週間ほど 	❺ 豆乳マヨだれ
[大さじ9杯分] しょうゆ、白すりごま、酢…各大さじ3 みりん…………………………大さじ1 すべての材料を合わせる。	ほどよい酸味と染み出すうまみのバランスが、絶妙。ごまの風味・香りで、料理にコクが出る。加熱せずそのままでも使用可能。 保存　冷蔵で2〜3週間 	❻ ごま酢しょうゆだれ
[大さじ10杯分] 昆布……………………2g(3cm四方) 酒、しょうゆ……………各大さじ4 みりん…………………………大さじ2 昆布はキッチンバサミで5mm幅に切り、すべての材料を合わせる。 ※そのままでも使えるが、10分ほどおいた方がよりおいしい。	まろやかな口当たりのしょうゆだれ。昆布のうまみが溶け出しているため、汁物や煮物に使えば出汁いらず。酒が入っているので加熱調理に使って。 保存　冷蔵で2〜3週間 	❼ しょうゆ昆布だれ
[大さじ8杯分] 昆布……………………2g(3cm四方) 酒………………………………大さじ8 塩………………………………小さじ2 昆布はキッチンバサミで5mm幅に切り、すべての材料を合わせる。 ※そのままでも使えるが、10分ほどおいた方がよりおいしい。	野菜炒めにたったひとさじ加えるだけで、シンプルながらも奥行きのある深い味わいに。酒が入っているので加熱調理用。 保存　冷蔵で2〜3週間 	❽ うま塩昆布だれ

この本について、知っておいてほしいこと

「前もって作っておくと便利な合わせだれと、その活用メニュー」を紹介するのが本書のテーマ。ですが、合わせだれがなかった場合の味付け案や、なかにはたれを全く使わないレシピも紹介しています。その理由は、合わせだれを使うことが前提のおかずしか載っていないと、たれを作っていなかったときに困ってしまうから。

料理は「まいにち」のこと。忙しくて前もって作れないこともあります。各メニューにつく「合わせだれがなかったら」は、そんなときのお助け要素なのです。もちろん全く同じ仕上がりにはなりません。「ナンプラー唐辛子だれ」は「ナンプラー」に、「豆乳マヨだれ」は「マヨネーズ」にそのまま置き換えるので、シンプルな味わいになります。「うま塩昆布だれ」や「しょうゆ昆布だれ」は、昆布を使わないので味わいが異なります。ですが、どれもおいしいレシピのみを掲載しているので、右の説明を参考にいろいろ試してみてください。

また、この本ではそれぞれの主菜にぴったりの副菜や汁物、つけ合わせを献立の形で掲載しています。それ以外にも、各主菜・主食に「オススメの副菜・汁物」のアイディアを記載しているので、好みやその日の気分に合わせてアレコレ自由に組み替えて、新たなお気に入りを見つけるのも楽しいですよ。

例）豚のみそ風味しょうが焼きの場合

・合わせだれについて

材料 2人分

豚ロース肉（しょうが焼き用）
　　　　　　　　　　　4〜6枚（約250g）
玉ねぎ　　　　　　　　1/2個（約100g）
しょうが（せん切り）　　　　　1かけ分
サラダ菜　　　　　　　　　　　　適量
米油　　　　　　　　　　　　大さじ1/2
甘辛みそだれ　　　　　　　大さじ2

合わせだれがなかったら

酒、みそ　……各大さじ1
砂糖、みりん　……各小さじ2/3

「甘辛みそだれ…大さじ2」を使うのが基本のレシピ。もし合わせだれを作っていなかった場合は「酒、みそ……各大さじ1、砂糖、みりん……各小さじ2/3」を小さめの器に混ぜ、甘辛みそだれを入れるのと同じタイミングで料理に加える。

・副菜、汁物について

♥ こんな副菜・汁物もぴったり
◎キャベツとホタテの海苔マヨ和え (P.100)
◎水菜とはんぺんの和風スープ (P.103)

「たたき長芋の梅和え」を合わせるのが基本だが「キャベツとホタテの海苔マヨ和え」や「水菜とはんぺんの和風スープ」を組み合わせるのもオススメ。

本書の表記について
・大さじ1は15ml、小さじ1は5ml、1カップは200mlです。
・しょうゆは特に指定がない限り「濃口しょうゆ」を使用しています。
・電子レンジの加熱時間は600Wのものを基準にしています。500Wの場合は1.2倍、700Wの場合は0.8倍を目安に、時間を調整してください。なお、機種によって異なる場合があります。
・魚焼きグリルは両面焼きのものを基準にしています。片面焼きの場合は、様子を見ながら加熱してください。なお、機種によって異なる場合があります。
・材料表に出てくる出汁は、P.90で詳しく説明している「煮干し出汁」「昆布出汁」「合わせ出汁」の、どれでもおいしく作れます。自家製のものや市販の和風顆粒出汁でもOKなので、好みに合わせてお使いください。

その1

肉が
メインの献立

食べ応え満点でジューシーな

肉の献立を集めました。

から揚げやトンカツなどの定番はもちろん、

エスニックな蒸し鶏や

おもてなしにも使えるタリアータなど、

バラエティ豊かな品々をどうぞ。

豚のみそ風味しょうが焼き献立

みそだれの効果で、肉がふっくらジューシーな仕上がりに。
シャキシャキ＆トロトロ食感の長芋小鉢は
梅のスッキリとした酸味が、濃厚なしょうが焼きにぴったりです。

肉がメインの献立

> 甘辛みそ

[主菜] 豚のみそ風味しょうが焼き

材料 2人分

豚ロース肉(しょうが焼き用)
　　　　　　　　　4〜6枚(約250g)
玉ねぎ ······················· 1/2個(約100g)
しょうが(せん切り) ··············· 1かけ分
サラダ菜 ······························ 適量
米油 ······························· 大さじ1/2
甘辛みそだれ ···················· **大さじ2**

合わせだれがなかったら

酒、みそ ······ 各大さじ1
砂糖、みりん ······ 各小さじ2/3

作り方

1. 豚肉は脂身と肉の間の筋を数カ所切ってバットにのせ、しょうが、甘辛みそだれをからめる。玉ねぎは1cm幅のくし形切りにする。

2. フライパンに油を中火で熱し、玉ねぎを広げ入れる。1分ほど焼き付けたら端に寄せ、豚肉を並べ入れる。2分ほど焼き、裏返してさらに2分焼く。バットに残ったたれを回し入れ、さっと炒め合わせる。器に盛って、サラダ菜を添える。

[副菜] たたき長芋の梅和え

材料 2人分

長芋 ································· 200g
梅干し ································ 1個
削り節(4g入り) ····················· 1パック
薄口しょうゆ ······················· 小さじ1

作り方

長芋は皮をむいてポリ袋に入れ、麺棒などでたたいて一口大にする。種を取ってちぎった梅干し、しょうゆを加え、軽く揉んで和える。器に盛って、削り節を散らす。

● こんな副菜・汁物もぴったり

◎キャベツとホタテの海苔マヨ和え (P.100)
◎水菜とはんぺんの和風スープ (P.103)

鶏のから揚げ献立

ボリューム満点でご飯がどんどん進む、男子大喜びの定番おかずです。
こんがりキノコとたれのうまみがいっぱいの和風スープは、
シャキッと食感のクレソンがおいしい一杯。

しょうゆ昆布

[主菜] 鶏のから揚げ

材料 2人分

鶏もも肉（唐揚げ用） ………… 400g
レタスの葉 ……………………… 2枚
しょうが（すりおろし） …… 1/4かけ分
カットレモン、米油、片栗粉 …… 各適量
しょうゆ昆布だれ ……………… **大さじ2**

合わせだれがなかったら

酒、しょうゆ …… 各大さじ1
みりん …… 小さじ1
砂糖 …… ふたつまみ

作り方

1. ポリ袋に鶏肉、しょうが、しょうゆ昆布だれを入れてよく揉んで、15分おく。

2. 鍋に油を深さ4cmほど入れて、中温に熱する。片栗粉をしっかりまぶした1を入れ、ときどき返しながら5分ほど揚げる。器に盛り、ちぎったレタス、レモンを添える。

うま塩昆布

[副菜] 焼きキノコとクレソンのうま塩スープ

材料 2人分

しいたけ ………………………… 2個
えのき …………… 1/2パック（約50g）
クレソン ………………… 1束（約50g）
粗挽き黒こしょう ………………… 少々
水 …………………………… 1と1/2カップ
ごま油 …………………………… 適量
うま塩昆布だれ ……………… **大さじ2**

合わせだれがなかったら

酒 …… 大さじ2
塩 …… 小さじ1/2
砂糖 …… ふたつまみ

作り方

1. しいたけは石づきを落とし、小さめの一口大に裂く。えのきは根元を落として3cm長さに切る。クレソンは2cm長さに切る。

2. 鍋に油大さじ1/2を中火で熱する。しいたけ、えのきを入れて1分ほど焼き付け、うま塩昆布だれを回し入れる。さっと炒めて、水を加える。5分ほど煮たらクレソンを加え、ひと煮立ちさせる。椀によそって油少々を回し入れ、こしょうをふる。

● こんな副菜・汁物もぴったり

◎白菜とちくわの梅マヨ和え (P.92)
◎なすとオクラの焼き浸し (P.93)

肉がメインの献立

牛肉のレモンマリネソテー献立

噛めば噛むほど肉汁が溢れる絶品ソテーは、パンにもご飯にもよく合います。
レモン汁をからめるのが肉をやわらかく仕上げるコツ。
パンチの効いたカレー風味が食欲をそそるサラダを添えて、いただきます。

肉がメインの献立

[主菜] 牛肉のレモンマリネソテー

材料 2人分

牛切り落とし肉	200g
エリンギ	1パック(約100g)
レモン	1個
パセリ(みじん切り)	大さじ1
にんにく(すりおろし)	1かけ分
塩	小さじ1/3
粗挽き黒こしょう	少々
オリーブ油	適量

作り方

1 エリンギは縦に1cm厚さに切る。レモンは横半分に切って薄切りを2枚取り、1/2個を搾る。

2 ボウルに牛肉、薄切りレモン、レモン汁、パセリ、にんにく、塩、こしょう、油大さじ1を入れ、全体をさっとからめて5分おく。

3 フライパンに油大さじ1を中火で熱する。エリンギを広げ入れ、1分ほど香ばしく焼き付ける。裏返して端に寄せ、2を広げ入れる。ときどき返しながら2〜3分焼き付け、残りのレモンを搾る。

[副菜] トマトのクリーミーカレーサラダ

[豆乳マヨ]

材料 2人分

トマト	1個
ベビーリーフ	1パック(約40g)
A[ヨーグルト(無糖)	大さじ1
カレー粉	小さじ1/4
豆乳マヨだれ	**大さじ3**

作り方

1 トマトは一口大に切る。Aは混ぜ合わせる。

2 ボウルにトマト、ベビーリーフを入れ、Aを加えてさっと和える。

合わせだれがなかったら

マヨネーズ …… 大さじ3

● こんな副菜・汁物もぴったり

◎かぼちゃとナッツのサラダ (P.93)
◎かぶとホタテのポタージュ (P.106)

鶏の照り焼き献立

香ばしい皮の食感がたまらない、鶏の甘辛おかず。
肉に味がからみやすくなるように、余分な油はペーパータオルできっちり拭き取りましょう。
磯の香りがほのかに広がる和え物をプラスすれば、絶品の和献立が完成です。

肉がメインの献立

甘辛しょうゆ

[主菜] 鶏の照り焼き

材料 2人分

鶏もも肉…………… 小2枚(約400g)
貝割れ菜、ミニトマト ………… 各適量
米油 ………………………… 小さじ1
甘辛しょうゆだれ …………… **大さじ3**

合わせだれがなかったら

酒、しょうゆ …… 各大さじ1と1/2
砂糖、みりん …… 各大さじ1/2

作り方

1. 鶏肉は余分な脂肪と筋を取る。貝割れ菜は根元を落として長さを半分に切る。ミニトマトはヘタを取り、縦半分に切る。

2. フライパンに油を中火で熱する。鶏肉を皮目を下に並べ入れ、4分焼いて裏返し、さらに3分焼く。ペーパータオルで油を拭き取ってから甘辛しょうゆだれを加え、全体に煮からめる。器に盛って、貝割れ菜、ミニトマトを添える。

ごま酢しょうゆ

[副菜] きゅうりのごま酢和え

材料 2人分

きゅうり ………………………… 1本
紫玉ねぎ ……………………… 1/4個
焼き海苔(全形) ………………… 1枚
ごま酢しょうゆだれ ………… **大さじ1**

合わせだれがなかったら

しょうゆ、白すりごま、酢 …… 各小さじ1
みりん …… 小さじ1/3

作り方

1. きゅうりは縦半分に切って種をスプーンで取り、斜め薄切りにする。紫玉ねぎは薄切りにする。海苔は細かくちぎる。

2. 1をボウルに入れ、ごま酢しょうゆだれを加えてさっと和える。

● こんな副菜・汁物もぴったり

◎白身魚と紫玉ねぎのマスタード和え (P.94)
◎なすと油揚げのみそ汁 (P.102)

にんにく風味の牛肉のタリアータ献立

レアな焼き加減で肉のうまみを存分に味わえるタリアータ。
奥からどんどんやってくる、バルサミコとオリーブオイルの深いコクが食欲をそそります。
やさしい甘さのオープンオムレツは、子どもも大好きな一皿です。

[主菜] にんにく風味の牛肉のタリアータ

材料 2人分

- 牛もも肉(ステーキ用)……2枚(約200g)
- にんにく……1かけ
- ラディッシュ……4個
- ルッコラ……1袋
- 塩……小さじ1/3
- 粗挽き黒こしょう……少々
- A [粗挽き黒こしょう、粉チーズ、バルサミコ酢……各少々]
- オリーブ油……適量

作り方

1. 牛肉は塩、こしょうを全体にすり込む。にんにくは縦半分に切って芯を取り、薄切りにする。ラディッシュは薄切りにする。
2. フライパンに油小さじ1、にんにくを中火で熱する。香りがたってきたら牛肉を加え、1分30秒ほど焼く。裏返して同様に焼く(にんにくは途中焦げそうになったら肉の上にのせる)。取り出して5分おき、肉を薄切りにする。
3. 器に2、ラディッシュ、ルッコラを盛る。油少々を回しかけ、Aを順にかける。

[副菜] マッシュルームのオープンオムレツ

材料 2人分

- 卵液
  - [溶き卵……2個分
  - 塩、粗挽き黒こしょう……各少々
  - 牛乳……大さじ1]
- マッシュルーム……1/2パック(約50g)
- バター……20g
- 塩、粗挽き黒こしょう……各少々
- トマトケチャップ……適量

作り方

1. ボウルに卵液を混ぜ合わせる。マッシュルームは石づきを落とし、縦に5mm幅に切る。
2. 小さめのフライパンにバター10gを中火で熱する。マッシュルームを香ばしく1〜2分炒め、塩、こしょうで調味して取り出す。フライパンに残りのバター(10g)を中火で熱し、卵液を流し入れる。大きく数回混ぜ、マッシュルームを散らす。卵の縁が固まったら器に盛り、ケチャップをかける。

[つけ合わせ] 紫キャベツの酢漬け (P.77)

● こんな副菜・汁物もぴったり

◎にんじんとパプリカのケチャップ炒め (P.95)
◎かぼちゃのカレースープ (P.105)

肉がメインの献立

みそだれトンカツ献立

味わい深い濃厚みそだれは、サクサクの揚げたてトンカツと相性抜群。
煮浸しはちくわからうまみが出るので、出汁いらずな一品です。
小松菜の他、水菜など水分の多い青菜で作るのもオススメ。

> 甘辛みそ

[主菜] みそだれトンカツ

材料 2人分

豚ロース肉（トンカツ用）
　………………… 2枚（約250g）
溶き卵 ………………… 1/2個分
キャベツ（せん切り）………… 適量
塩、こしょう ………………… 各少々
（好みで）練り辛子 ………… 適量
A［ 水 ………………… 大さじ1
　　甘辛みそだれ …… **大さじ2**
小麦粉、パン粉、米油 …… 各適量

合わせだれがなかったら

酒、みそ …… 各大さじ1
砂糖、みりん …… 各小さじ2/3

作り方

1. 豚肉は脂身と肉の間の筋を数カ所切って塩、こしょうをふり、小麦粉、溶き卵、パン粉の順にからめる。Aは大きめの耐熱ボウルに入れて混ぜ、ラップをかけずにレンジで1分30秒加熱する。

2. 鍋に油を深さ3cmほど入れて、中温に熱する。1の肉を2分ほど揚げて裏返し、さらに2分揚げる。食べやすく切って器に盛り、1のたれをかけてキャベツ、練り辛子を添える。

> 甘辛しょうゆ

[副菜] 小松菜とちくわの煮浸し

材料 2人分

小松菜 …………… 1束（約200g）
ちくわ ………………………… 1本
しょうが（せん切り）…… 1/2かけ分
甘辛しょうゆだれ ……… **大さじ2**

合わせだれがなかったら

酒、しょうゆ …… 各大さじ1
砂糖、みりん …… 各小さじ1

作り方

1. 小松菜は根元を落として4cm長さに切る。ちくわはごく薄切りにする。

2. 鍋に小松菜を茎、葉の順に重ね入れ、甘辛しょうゆだれを回しかける。ちくわを散らして蓋をし、中火にかける。蓋から蒸気が出てきたら、上下を返すようにひと混ぜし、再び蓋をして1分ほど煮る。器に盛って、しょうがをのせる。

● こんな副菜・汁物もぴったり

◎ キャベツとホタテの海苔マヨ和え（P.100）
◎ 大根の梅昆布スープ（P.105）

肉がメインの献立

肉団子の黒酢あんかけ献立

揚げずに作れる簡単肉団子は、子ども＆男子に大ウケ間違いなしの甘辛おかず。
ごま油とじゃこのおかげでうまみ満点の大根サラダを添えましょう。
塩揉み大根は和え物や炒め物にも使えるので、まとめて作っておくと便利です。

甘辛しょうゆ

[主菜] 肉団子の黒酢あんかけ

材料 2人分

合びき肉	300g
A 卵	1個
玉ねぎ(みじん切り)	1/4個分
しょうが(すりおろし)	1/2かけ分
B 黒酢	大さじ3
水	1/2カップ
甘辛しょうゆだれ	**大さじ3**
白髪ねぎ	1/4本分
塩	小さじ1/2
こしょう	少々
酒、片栗粉	各大さじ1
水溶き片栗粉	
水	小さじ2
片栗粉	小さじ1
ごま油	大さじ2

作り方

1 ひき肉は塩、こしょう、酒を加えてしっかり練り混ぜる。Aを加えてよく練り混ぜ、片栗粉を加えてさっと混ぜる。10等分して丸め、肉だねを作る。小さめの器に水溶き片栗粉を混ぜておく。

2 フライパンに油を中火で熱する。1の肉だねを入れて、ときどき返しながら香ばしく6分ほど焼き付ける。

3 余分な油をペーパータオルで拭き取り、Bを加えて中火で熱する。3分ほど煮て、水溶き片栗粉をもう一度混ぜてから回し入れ、とろみがつくまでひと煮立ちさせる。器に盛って、白髪ねぎを添える。

合わせだれがなかったら
酒、しょうゆ …… 各大さじ1と1/2
砂糖、みりん …… 各大さじ1/2

[副菜] 大根の青じそたっぷり塩揉みサラダ

材料 2人分

大根	200g
青じそ	10枚
ちりめんじゃこ	大さじ1
塩	小さじ1/4
ごま油、レモン汁	各小さじ1

作り方

大根は皮をむき、せん切りにする。ボウルに入れて塩を加えてさっと和え、5分おいて水気を絞る。青じそは軸を取って一口大にちぎり、ボウルに加える。ごま油、レモン汁を加えて和え、器に盛ってちりめんじゃこを散らす。

[つけ合わせ] 長芋のみそ漬け (P.78)

▼ こんな副菜・汁物もぴったり

◎青梗菜のうま塩オイル茹で (P.96)
◎きくらげのかき玉スープ (P.107)

肉がメインの献立

レンジ蒸し鶏のナンプラーソースがけ献立

ナンプラーだれのおいしさをダイレクトに味わえる、エスニック感満載のメニュー。
ジューシーな鶏肉にピリ辛の青唐辛子がよく合います。
にんにくの風味が移ったほうれん草と、やさしい甘みのパプリカが好相性の一品を添えて。

肉がメインの献立

> ナンプラー唐辛子

[主菜] レンジ蒸し鶏のナンプラーソースがけ

材料 2人分

鶏もも肉	大1枚（約300g）
カリフラワー	1/3株（約150g）
パクチー	適量
A［しょうが（すりおろし）	1/2かけ分
酒、砂糖、塩	各小さじ1/2
レモン汁	小さじ1
ナンプラー唐辛子だれ	**小さじ1**

合わせだれがなかったら

ナンプラー …… 小さじ2/3

作り方

1. カリフラワーは小房に分け、5mm厚さに切る。パクチーはざく切りにする。

2. 鶏肉は余分な脂肪と筋を取り、Aをすり込む。皮目を下に耐熱皿の中央にのせ、周囲にカリフラワーをのせる。ふんわりラップをかけて、レンジで3分加熱する。肉の上下を返し、再びラップをかけて2分加熱する。そのまま粗熱をとって鶏肉を食べやすく切り、器に盛る。

3. カリフラワーを2の蒸し汁と和えて器に添える。レモン汁とナンプラー唐辛子だれを合わせてかけ、パクチーを添える。

> うま塩昆布

[副菜] ほうれん草とパプリカのガーリック炒め

材料 2人分

ほうれん草	1/2束
赤パプリカ	1/2個
にんにく（みじん切り）	1かけ分
こしょう	少々
オリーブ油	大さじ1
うま塩昆布だれ	**大さじ1**

作り方

1. ほうれん草は4cm長さに切る。パプリカは種とワタを取り、細長い乱切りにする。

2. フライパンに油、にんにくを中火で熱する。ほうれん草の茎、パプリカを加えて30秒ほど炒める。ほうれん草の葉、こしょう、うま塩昆布だれを加えて、さっと炒め合わせる。

合わせだれがなかったら

酒 …… 大さじ1
塩 …… 小さじ1/4
砂糖 …… ひとつまみ

[つけ合わせ] 昆布とかつおの山椒煮 (P.78)

● こんな副菜・汁物もぴったり

◎ ピーマンのごまみそ炒め (P.92)
◎ ズッキーニと厚揚げのみそ汁 (P.107)

和風トマトソースのポークソテー献立

ガッツリ&ジューシーなポークソテーには、和テイストのフレッシュトマトソースがぴったりです。
副菜はレモンの酸味と豊かな香りが楽しめる大人向けのサラダを。
油を先にからめ、少しおいてから味をなじませた方がおいしく仕上がります。

肉がメインの献立

ごま酢しょうゆ

[主菜] 和風トマトソースのポークソテー

材料 2人分

豚ロース肉（トンカツ用）
　　　　　　　　　　…………… 2枚（約250g）
A ┃ トマト ………… 小1個（約120g）
　┃ 紫玉ねぎ ……… 1/6個（約30g）
　┃ ごま酢しょうゆだれ …… 大さじ2
ベビーリーフ ……………………… 適量
塩、こしょう …………………… 各少々
オリーブ油 ……………………… 小さじ1

合わせだれがなかったら

しょうゆ、白すりごま、酢 …… 各小さじ2
みりん …… 小さじ2/3

作り方

1. 豚肉は脂身と肉の間の筋を数カ所切って、塩、こしょうをふる。Aのトマトは1cm角に、紫玉ねぎは5mm四方に切り、ボウルに入れてごま酢しょうゆだれを加えて混ぜ合わせる。

2. フライパンに油を中火で熱する。豚肉を並べ入れて3分焼き、裏返して3分焼く。器に盛ってAをかけ、ベビーリーフを添える。

[副菜] レモン入りコールスローサラダ

材料 2人分

キャベツの葉 …………… 2枚（約100g）
にんじん ………………… 1/6本（約25g）
レモン（くし形切り） ………… 1/8個分
A ┃ 酢 ………………………… 小さじ1/2
　┃ 塩 ………………………… 小さじ1/4
　┃ 砂糖 ……………………… ひとつまみ
　┃ 粗挽き黒こしょう …………… 少々
オリーブ油 ……………………… 小さじ2

作り方

1. キャベツは細切りにする。にんじんは皮をむいてせん切りにする。レモンは半量を薄切りにし、残りは搾る。

2. 1をボウルに入れ、油を加えて全体にからめる。Aを加えて和える。

🍲 こんな副菜・汁物もぴったり

◎キャベツとホタテの海苔マヨ和え（P.100）
◎かぼちゃのカレースープ（P.105）

手羽先の塩麹バター煮献立

バター煮は、口いっぱいに広がる甘みとコクに思わず顔がほころびます。
しっとり柔らかな鶏手羽がたまらないおいしさ。
ピリッと辛い柚子こしょうと甘酸っぱいオレンジが好相性な、味わい深い副菜と一緒にどうぞ。

[主菜] 手羽先の塩麹バター煮

材料 2人分

- 鶏手羽先 ……………………… 6本
- にんじん ……………………… 1/2本
- にんにく ……………………… 2かけ
- A [酒、塩麹 ……………… 各大さじ2
      水 …………………………… 2カップ
- バター …………………………… 10g
- 粗挽き黒こしょう ……………… 少々
- 米油 ……………………………… 大さじ1/2

作り方

1. 手羽先は水気を拭く。にんじんは皮ごと細長い乱切りにする。にんにくは半分に切って芯を取る。

2. フライパンに油を中火で熱し、手羽先を入れて3分ほど焼き付ける。裏返してにんじん、にんにくを加え、2～3分焼く。Aを加えて、濡らしたペーパータオルで落とし蓋をし、10分煮る。火を止めてバターを加えて混ぜ、器に盛ってこしょうをふる。

[副菜] かぶとオレンジの柚子こしょう和え

材料 2人分

- かぶ ……………………………… 2個
- オレンジ ………………………… 1個
- 塩 …………………………… 小さじ1/4
- 酢 ……………………………… 小さじ1
- 柚子こしょう ………… 小さじ1/4～1/2
- オリーブ油 …………………… 大さじ1

作り方

1. かぶは皮をむいて縦半分に切ってから5mm厚さに切り、塩で和えて5分おく。オレンジは皮をむき、実を袋から外して長さを半分に切る。

2. かぶの水気をきってボウルに入れ、オレンジ、油を加えて和える。酢、柚子こしょうを加え、さっと和える。

● こんな副菜・汁物もぴったり

◎ キャベツと卵のオイスターだれ炒め (P.94)
◎ 大根と豆苗のザーサイ和え (P.101)

肉がメインの献立

献立の考え方と愛用調味料について

1週間の献立を前もって決めておき、買い物は一度に済ませる。
そんな声はよく聞きますが、かえって心が折れてしまいませんか？ そこで、長続きする献立の考え方と、
日々の料理を手軽においしくしてくれる私の愛用調味料を紹介します。

先まで決め過ぎない、ゆるっとした献立の考え方

献立はあまり先まで固めてしまうと、食材に縛られてストレスに。なので冷蔵庫の中身と相談しつつ、その日その日の体調や気分で食べたいものを決めましょう。そして足りないものがあればお買い物に行くくらいの、ほどよく肩の力を抜いた考え方がオススメです。主菜を決めたら、調理法や味付けが被らないような副菜を考えます。例えば、炒め物や揚げ物がメインなら、生野菜のサラダや煮浸しのようなさっぱりした味付けのおかずを合わせる、といった具合に。また、栄養面ではできるだけさまざまな食材を摂るように心がけていますが、1回の食事で調整するのは大変。「昨日何食べたかな？」と、2日間くらいの期間で捉えて考えると、気持ちが楽になります。

我が家の食卓を彩る、お気に入りの調味料たち

調味料選びについての私の考え方は、ふたつ。まず日常的にたくさん使うものは、近所のスーパーなどの身近な場所で手に入れやすいことが大切だと考えています。そして味わいを劇的に変えてくれるような調味料は、取り寄せたりデパートに買いに行ったりしています。かけるだけで料理がぐんとおいしくなるので、多少高価でも一度に使う量は少量だから良しとしています。どの調味料にしても、余計なものが入っていないことはもちろん、できるだけ昔ながらの方法で作られたものを選ぶようにしています。

① 「ゲランドの塩」(成城石井) うまみ充分で角がない塩味。下味にも仕上げにも、少しふるだけで深い味わいになります。

② 「またいちの塩」(新三郎商店) しっとりして手になじみやすいので、おにぎりを作るときに愛用。

③ 「山田錦純米」(月桂冠) 国産の米と麹から作られた純米酒。しっかりとしたうまみがお気に入りです。

④ 「京酢 加茂千鳥」(村山造酢) まろやかな酸味でうまみもあり、香りが上品なのでどんな料理にもぴったりな酢。

⑤ 「超特選 むらさき」(チョーコー醤油) 色が濃いめですが、味わいがまろやかなところが気に入っているしょうゆです。

⑥ 「三州三河みりん」(角谷文治郎商店) 深いコクが魅力で、砂糖代わりに使うとスッキリした甘みに仕上がります。

⑦ 「手作りみそ」(自家製) 師匠の川津幸子先生に教わって以来、手作りのおいしさに感動し、毎年作っています。

⑧ 「米油」(ボーソー油脂) 酸化しにくくクセがないので、ドレッシングから揚げ物まで幅広く使っています。

⑨ 「SALMP」(セドリック・カサノヴァ) 深みのある香りと味わいが特徴の、オリーブオイルです。サラダなどにそのまま使うのがオススメ。

⑩ 「竹爐山房の辣油」(竹爐山房) 香りが良く辛みもしっかりしたラー油。餃子はもちろん、和え物や麺類にも重宝します。

⑪ 「ナンプラー」(ホイナンロム) 化学調味料無添加なので塩分は割と強めですが、常温でも保存できるのがポイントです。

⑫ 「純玄米黒酢」(ミツカン) 黒酢特有のクセがマイルドなので、中華炒めやピクルス、寿司酢にも使っています。

⑬ 「バルサモ・ディヴィーノ」(マルピーギ) 6年熟成のバルサミコ酢。香りが良く、凝縮された自然の甘みが感じられます。

その2

魚介がメインの献立

レパートリーがぐっと増える、
魚介の献立を紹介します。
照り焼きや南蛮漬けに加え、
トマトとさばの洋風蒸し物や
かつおのごま酢ステーキなど、
定番も変わり種も盛りだくさんです。

ぶりの照り焼き献立

ふっくら焼き上げたぶりにからんだ甘辛い煮汁は、まさに絶品です。
小麦粉をまぶせば味のからみが良くなるので、たれに漬け込む手間いらずで時短に。
さっぱりしたレタスのおみそ汁にはコク深いベーコンがよく合います。

魚介がメインの献立

甘辛しょうゆ

[主菜] ぶりの照り焼き

材料 2人分

- ぶりの切り身……………2切れ（約200g）
- しし唐辛子………………………6本
- A
  - しょうが（せん切り）………1かけ分
  - **甘辛しょうゆだれ………………大さじ2と1/2**
- 塩……………………………少々
- 小麦粉………………………適量
- 米油…………………………大さじ1/2

合わせだれがなかったら

- 酒、しょうゆ……各大さじ1と1/4
- 砂糖、みりん……各小さじ1と1/4

作り方

1. ぶりは塩をふって5分おき、水気を拭いて小麦粉を薄くまぶす。小さめの容器にAを混ぜ合わせる。
2. フライパンに油を中火で熱する。ぶり、しし唐辛子を並べ入れ、火を弱めて3分焼く。ぶりの上下を返して3分ほど焼き付ける。Aを回し入れ、煮からめる。

[副菜] レタスとベーコンのみそ汁

材料 2人分

- レタスの葉……………………2枚
- ベーコン………………………1枚
- みそ……………………………小さじ2
- 粗挽き黒こしょう……………少々
- 出汁……………………………1と1/2カップ

作り方

1. レタスは大きめにちぎる。ベーコンは1cm幅に切る。
2. 小鍋に出汁、ベーコンを入れて煮立てる。レタスを加えてひと煮立ちさせ、みそを溶き入れる。椀によそって、こしょうをふる。

🍚 こんな副菜・汁物もぴったり

◎ 大根と豆苗のザーサイ和え (P.101)
◎ 豆腐とキムチのおかずスープ (P.102)

さばのトマト蒸し献立

蒸し器がなくてもフライパンで作れる簡単蒸し物。
トマトのうまみがしっかりと魚に移った、おいしさ二重丸の一皿です。
シンプルながらも味わい深いハムのサラダと一緒にめしあがれ。

魚介がメインの献立

[主菜] さばのトマト蒸し

材料 2人分

- さばの切り身 ……………… 2切れ（約200g）
- ミニトマト ………………………… 10個
- パセリ（みじん切り）……………… 少々
- A
  - にんにく（みじん切り）…… 1かけ分
  - 塩 ……………………………… 小さじ1/2
  - 粗挽き黒こしょう ……………… 少々
  - 白ワイン ………………………… 大さじ1
  - オリーブ油 …………………… 小さじ2
- 塩 ……………………………………… 少々

作り方

1. さばはAをからめて10分おく。ミニトマトはヘタを取って縦半分に切る。耐熱皿にさば、ミニトマトをのせて塩をふる。
2. フライパンにふきんを敷いて1を入れる。深さ1cmほど湯を張り、蓋をして10分蒸す。器に盛って、パセリを散らす。

[副菜] サラダ菜とハムのサラダ

材料 2人分

- サラダ菜 ……………………………… 1個
- ハム …………………………………… 2枚
- A
  - 酢 ……………………………… 小さじ1/2
  - 塩 ……………………………… ひとつまみ
  - 粗挽き黒こしょう ……………… 少々
- オリーブ油 …………………………… 小さじ2

作り方

1. サラダ菜は大きめの一口大にちぎる。ハムは半分に切って細切りにする。
2. 1をボウルに入れ、油で和える。Aを加え、さっと和える。

● こんな副菜・汁物もぴったり

◎ミックスビーンズとアボカドのごま酢サラダ (P.98)
◎かぼちゃのカレースープ (P.105)

鮭の南蛮漬け献立

一緒に香ばしく焼いたねぎもおいしい、さっぱり味の南蛮漬け。
唐辛子を最後に加えるようにすれば大人用と子ども用に作り分けられて◎
鮭は皮目をこんがりと焼き付けるのが、臭みを取る秘訣です。

魚介がメインの献立

{ しょうゆ昆布 }

[主菜] 鮭の南蛮漬け

材料 2人分

- 鮭の切り身 ……………… 2切れ (約160g)
- 長ねぎ ……………………………………… 1本
- 塩 ………………………………………… 少々
- 小麦粉 …………………………………… 適量
- 米油 ………………………………… 大さじ1/2
- A
  - 赤唐辛子(輪切り) ………………… 少々
  - 酢、水 ……………………… 各大さじ2
  - **しょうゆ昆布だれ** ……… **大さじ2**

合わせだれがなかったら

酒、しょうゆ …… 各大さじ1
みりん …… 小さじ1
砂糖 …… ふたつまみ

作り方

1. 鮭は半分に切り、塩をふって5分おく。水気を拭いて、小麦粉を薄くまぶす。長ねぎは両面に数カ所斜めに浅く切り込みを入れ、5cm長さに切る。

2. フライパンに油を中火で熱する。鮭、長ねぎを入れ、ときどき返しながら6分ほど香ばしく焼く。Aを加え、汁気がほとんどなくなるまで煮からめる。

{ 甘辛しょうゆ }

[副菜] れんこんの山椒きんぴら

材料 2人分

- れんこん ……………… 1/2節 (約100g)
- こんにゃく (アク抜き済み)
  ………………………… 小1枚 (約150g)
- 粉山椒 ……………………………… 小さじ1/2
- ごま油 ………………………………… 小さじ1
- **甘辛しょうゆだれ** ……………… **大さじ2**

合わせだれがなかったら

酒、しょうゆ …… 各大さじ1
砂糖、みりん …… 各小さじ1

作り方

1. れんこんは5mm厚さのいちょう切りにし、水にさっとくぐらせる。こんにゃくはスプーンで一口大にする。

2. フライパンにこんにゃくを入れて中火にかける。1分ほど焼き付け、油、れんこんを加える。2分ほど炒め、甘辛しょうゆだれ、山椒を加えてさっと炒め合わせる。

● こんな副菜・汁物もぴったり

◎ 大根と豆苗のザーサイ和え (P.101)
◎ ズッキーニと厚揚げのみそ汁 (P.107)

真鯛とセロリの昆布締め献立

昆布のうまみが鯛に染み込んでいるので余分な調味料は不要。
一緒に昆布締めしたセロリとともに口に運べば、スッキリとした後味を楽しめます。
ボリューム感のある厚揚げ入り副菜と合わせて大満足の献立に。

魚介がメインの献立

[主菜] 真鯛とセロリの昆布締め

材料 2人分

真鯛の刺身 ……………………… 150g
昆布（10×15cm） ……………… 3枚
セロリ …………………… 1本（約150g）
塩 ………………………………… 適量

作り方

1. 鯛は塩少々をふる。セロリは（あればスライサーで）細切りにし、塩少々をふってさっと和える。
2. ラップに昆布1枚をのせ、その上に鯛を重ならないように並べる。昆布をもう1枚のせ、その上にセロリの水分を絞って広げる。残りの昆布をのせ、ラップでぴっちりと包んで15分おく。

ナンプラー唐辛子

[副菜] 厚揚げのナンプラー和え

材料 2人分

厚揚げ ………………… 1枚（約200g）
パクチー ………………………… 1/2束
ナンプラー唐辛子だれ ……… **小さじ2**

合わせだれがなかったら

ナンプラー …… 小さじ1と1/3

作り方

1. 厚揚げは魚焼きグリルに入れ、中火で5分焼く。パクチーはざく切りにする。
2. 1の厚揚げを横半分に切り、1cm厚さに切る。パクチー、ナンプラー唐辛子だれと和える。

[つけ合わせ] キノコの炒め煮 (P.76)

🍚 こんな副菜・汁物もぴったり

◎なすとオクラの焼き浸し (P.93)
◎ほうれん草と豆腐のスープ (P.106)

えびのピリ辛オイスターソース炒め献立

オイスターだれ×豆板醤がえびによくからんで、コク深くてスパイシーな味わいに。
後引くおいしさの一皿だからお酒のつまみにも最適です。
シャキシャキ食感を残したじゃがいも炒めは、黒酢のおかげでスッキリ爽やか。

オイスターしょうゆ

[主菜] えびのピリ辛オイスターソース炒め

材料 2人分

殻付きえび	12尾（約200g）
ブロッコリー	1/2株
しょうが、にんにく（各みじん切り）	各1かけ分
豆板醤	小さじ2/3
塩	少々
片栗粉	小さじ1
A　水	1/2カップ
オイスターしょうゆだれ	**大さじ1と1/2**
米油	大さじ1と1/2

合わせだれがなかったら

オイスターソース、酒、しょうゆ …… 各大さじ1/2

作り方

1. えびは殻をむいて塩で揉み洗いし、水気を拭く。背開きにして背ワタを取り、片栗粉をまぶす。ブロッコリーは小房に分ける。

2. フライパンに油、しょうが、にんにくを中火で熱する。香りがたったらブロッコリー、豆板醤を加えて1分ほど炒め、Aを加える。煮立ったらえびを加え、2～3分炒め合わせる。

うま塩昆布

[副菜] じゃがいもの黒酢炒め

材料 2人分

じゃがいも	小2個（約200g）
黒酢	大さじ1と1/2
粗挽き黒こしょう	少々
ごま油	大さじ1
うま塩昆布だれ	**大さじ1と1/2**

合わせだれがなかったら

酒 …… 大さじ1と1/2
塩 …… 小さじ1/3
砂糖 …… ふたつまみ

作り方

1. じゃがいもは皮をむいて細切りにする。

2. フライパンに油を中火で熱する。じゃがいもを入れて1分炒め、うま塩昆布だれ、黒酢を回し入れ、炒め合わせる。器に盛って、こしょうをふる。

♥ こんな副菜・汁物もぴったり

◎ミックスビーンズとアボカドのごま酢サラダ (P.98)
◎大根の梅昆布スープ (P.105)

魚介がメインの献立

めかじきのカレーソテー献立

ヨーグルトでしっとりマリネされた魚とにんにくを効かせたカレーソースは、相性抜群。
子どもも大好きな味わいで、豆乳マヨ味のホットサラダとの相性は抜群です。
野菜を茹でて和えるだけの一品も、調味料を手作りしているので満足感は充分。

[主菜] めかじきのカレーソテー

材料 2人分

めかじきの切り身……… 2切れ (約180g)
赤パプリカ………………………… 1/2個
にんにく (すりおろし)……… 1/2かけ分
ヨーグルト (無糖)………………… 大さじ2
塩………………………………… 小さじ1/2
こしょう……………………………… 少々
カレー粉………………………… 大さじ1/2
オリーブ油…………………………… 適量

作り方

1. めかじきは塩、こしょうをまぶす。パプリカは種とワタを取り、細長い乱切りにする。にんにくはボウルに入れ、ヨーグルト、カレー粉と合わせる。めかじき、パプリカを加えてさっと混ぜ、10分おく。

2. フライパンに油大さじ1を中火で熱して1を広げ入れ、弱火にする。3分ほど焼き、裏返して3分ほど焼く。器に盛り、油少々を回しかける。

[副菜] 洋野菜のホットマヨサラダ

豆乳マヨ

材料 2人分

カリフラワー……………………… 1/4株
アスパラガス……………………… 3本
塩…………………………………… 少々
粗挽き黒こしょう…………………… 少々
豆乳マヨだれ………………… **大さじ2**

合わせだれがなかったら
マヨネーズ …… 大さじ2

作り方

1. カリフラワーは小房に分ける。アスパラガスは根元を1cmほど落とし、皮の硬い部分をむいて4cm長さに切る。

2. 小鍋に湯を沸かし、塩を入れる。カリフラワーを入れて1分茹で、アスパラガスを加える。1分茹でたら、ざるにあげて水気をきり、豆乳マヨだれで和え、器に盛ってこしょうをふる。

♥ **こんな副菜・汁物もぴったり**

◎ ミックスビーンズとアボカドのごま酢サラダ (P.98)
◎ かぶとホタテのポタージュ (P.106)

魚介がメインの献立

鮭のごまみそ焼き献立

コク深いみそ×ごまを使った、香ばしさがたまらない一品です。
たれが焦げやすいので、弱火でじっくりと焼くのがおいしく仕上げる秘訣。
油揚げと塩麹のうまみが染み出たスープは、水菜のシャキシャキ感と柚子の香りを楽しんで。

魚介がメインの献立

[甘辛みそ]

[主菜] 鮭のごまみそ焼き

材料 2人分

- 鮭の切り身 ……… 2切れ（約160g）
- エリンギ ……… 1パック（約100g）
- 白すりごま ……… 小さじ2
- **甘辛みそだれ** ……… **大さじ2**

合わせだれがなかったら

- 酒、みそ …… 各大さじ1
- 砂糖、みりん …… 各小さじ2/3

作り方

1. ごま、甘辛みそだれを合わせ、鮭にからめて10分おく。エリンギは縦に5mm厚さに切る。
2. 魚焼きグリルに鮭を皮目を上にして並べ入れ、弱火で4分焼く。残った1のたれをエリンギにぬり、グリルの空いたところにのせて鮭と一緒に3分焼く。

[しょうゆ昆布]

[副菜] 水菜と油揚げの塩麹スープ

材料 2人分

- 水菜 ……… 1/4束（約50g）
- 油揚げ ……… 1枚
- 柚子の皮（せん切り） ……… 少々
- A
  - 塩麹 ……… 大さじ1
  - 水 ……… 1と1/2カップ
  - **しょうゆ昆布だれ** ……… **大さじ1/2**

合わせだれがなかったら

- 酒、しょうゆ …… 各大さじ1/4
- みりん …… 小さじ1/4
- 砂糖 …… ひとつまみ

作り方

1. 水菜は3cm長さに切る。油揚げは横半分に切り、細切りにする。
2. 小鍋にA、油揚げを入れ、煮立ったら水菜を加えてひと煮立ちさせる。椀によそい、柚子の皮をのせる。

[つけ合わせ] かぶとセロリの浅漬け(P.78)

こんな副菜・汁物もぴったり

◎白菜とちくわの梅マヨ和え (P.92)
◎オクラと干しえびのスープ (P.104)

かれいの煮付け献立

やわらなかな身が口の中でホロホロ崩れる、やさしい味わいの魚おかず。
ごぼうは一緒に煮るだけで、煮汁とうまみを吸った絶品のつけ合わせに。
キャベツとひじきの炒め物はどんなメニューとも合う万能副菜です。

> しょうゆ昆布

[主菜] かれいの煮付け

材料 2人分

かれいの切り身 ………… 2切れ（約320g）
ごぼう …………………………… 1/2本
A ┌ みりん …………………… 大さじ1
　├ 水 ……………………… 3/4カップ
　└ **しょうゆ昆布だれ** ………… **大さじ3**

合わせだれがなかったら

酒、しょうゆ …… 各大さじ1と1/2
みりん …… 大さじ1/2
砂糖 …… 小さじ1/4

作り方

1. ごぼうはよく洗って縦半分に切り、斜め薄切りにして水（分量外）にくぐらせる。
2. フライパンにAを中火で熱し、煮立ったらかれいを並べ入れる。クッキングシートで落とし蓋をして、3分煮る。ごぼうを加えて5分煮て、かれいとごぼうを器に盛る。煮汁を少しとろりとするまで煮詰めてかける。

> うま塩昆布

[副菜] キャベツとひじきのさっと炒め

材料 2人分

キャベツの葉 …………………………… 3枚
長ひじき …………………………………… 5g
白いりごま ……………………………… 少々
ごま油 …………………………… 大さじ1
うま塩昆布だれ ……………… **大さじ1**

合わせだれがなかったら

酒 …… 大さじ1
塩 …… 小さじ1/4
砂糖 …… ひとつまみ

作り方

1. キャベツは1cm幅に切る。ひじきは水で戻して水気をきる。
2. フライパンに油を中火で熱する。キャベツ、ひじきを入れてさっと炒め、うま塩昆布だれを回し入れて炒め合わせる。器に盛って、ごまをふる。

● こんな副菜・汁物もぴったり

◎キャベツと卵のオイスターだれ炒め (P.94)
◎なすと油揚げのみそ汁 (P.102)

魚介がメインの献立

かつおステーキのごま酢ソースがけ献立

コクうまなごま酢ソースは、香ばしく焼き付けたかつおステーキによく合います。
くるみのおかげで食感の変化を楽しめるのもポイント。
濃厚なアボカドサラダには、後味爽やかなクレソンを合わせて。

魚介がメインの献立

_{ごま酢しょうゆ}

[主菜] かつおステーキのごま酢ソースがけ

材料 2人分

かつおの刺身（柵） ……… 1本（約250g）
玉ねぎ ……………………………… 1/2個
青じそ（せん切り） ………………… 6枚分
ローストくるみ（無塩） ………… 大さじ2
塩 …………………………………… 小さじ1
オリーブ油 ……………………… 大さじ1
ごま酢しょうゆだれ　大さじ1と1/2

合わせだれがなかったら

しょうゆ、白すりごま、酢 …… 各大さじ1/2
みりん …… 小さじ1/2

作り方

1. かつおは長さを半分に切って塩を全体にまぶし、5分おいてさっと洗って水気をしっかり拭く。玉ねぎは薄切りにして、青じそとともに水にくぐらせ、水気をしっかりきる。くるみは粗く刻む。

2. フライパンに油を強火で熱する。かつおの各面を30秒ずつ焼き、氷水につける。水気をしっかり拭いて1cm厚さに切る。玉ねぎ、青じそを器に盛ってかつおをのせ、ごま酢しょうゆだれをかけてくるみを散らす。

_{ナンプラー唐辛子}

[副菜] アボカドのエスニックサラダ

材料 2人分

アボカド ……………………………… 1個
クレソン …………………… 1束（約50g）
オリーブ油 ……………………… 小さじ2
ナンプラー唐辛子だれ　…… 小さじ2

合わせだれがなかったら

ナンプラー …… 小さじ1と1/3

作り方

1. アボカドは種と皮を取り、スプーンで一口大にすくう。クレソンは3cm長さに切る。

2. 1をボウルに入れ、油、ナンプラー唐辛子だれを加えて和える。

[つけ合わせ] 味付け卵 (P.76)

● こんな副菜・汁物もぴったり

◎じゃがいもの山椒みそ炒め (P.101)
◎ほうれん草と豆腐のスープ (P.106)

梅風味のさばみそ煮献立

梅の酸味が味を引き締めるさばのみそ煮です。
副菜のレンジで手軽に作れる蒸しなすは、ごま酢とごま油で風味豊か。
焼きなすが好きな人はぜひ試してみてください。

魚介がメインの献立

[甘辛みそ]

[主菜] 梅風味のさばみそ煮

材料 2人分

- さばの切り身 ………… 2切れ（約200g）
- スナップエンドウ ………………… 10本
- しょうが ………………………… 1かけ
- 梅干し …………………………… 1個
- 塩 ………………………………… 少々
- A
  - 砂糖 …………………………… 小さじ1
  - 水 ……………………………… 3/4カップ
  - **甘辛みそだれ** ……………… **大さじ2**

合わせだれがなかったら

酒、みそ ……各大さじ1
砂糖、みりん ……各小さじ2/3

作り方

1. さばは塩をふって5分おき、さっと洗って水気を拭く。スナップエンドウは筋を取る。しょうがは薄切りにする。梅干しは種を取ってちぎる。

2. フライパンにしょうが、梅干し、Aを中火で熱する。煮立ったらさばを並べ入れ、クッキングシートで落とし蓋をして5分煮る。スナップエンドウを加えて2分煮る。さばとスナップエンドウを器に盛り、煮汁をとろりとするまで煮詰めてかける。

[ごま酢しょうゆ]

[副菜] ねぎごまレンジ蒸しなす

材料 2人分

- なす ……………………………… 2本
- 万能ねぎ ………………………… 1本
- ブロッコリースプラウト
  ………………… 1/2パック（約25g）
- ごま油 ………………………… 小さじ1
- **ごま酢しょうゆだれ** …… **大さじ1と1/2**

合わせだれがなかったら

しょうゆ、白すりごま、酢 ……各大さじ1/2
みりん ……小さじ1/2

作り方

1. なすはヘタを落とし、油をからめて耐熱皿にのせ、ラップをかけてレンジで2分30秒加熱する。ラップをはずして粗熱をとり、食べやすく裂く。万能ねぎは小口切りにし、ごま酢しょうゆだれと合わせる。ブロッコリースプラウトは根元を落とす。

2. なすを器に盛ってブロッコリースプラウトをのせ、合わせた1のたれをかける。

♥ こんな副菜・汁物もぴったり

◎えのきのコチュジャン和え (P.97)
◎長芋のうま塩こんがり焼き (P.99)

保存と調理のちょっとしたコツ

野菜を使い切れずにダメにしてしまったり、簡単なはずのサラダがおいしく仕上がらなかったり。苦い失敗ですが、誰にでも経験のあることだと思います。そこで食材の上手な保存・保管のコツと、サラダをもっとおいしくするための気配りについてお話しします。

余り野菜はホーローのコンテナで保存

青じそやバジルなどの潰れやすく香りの強いハーブ類は、浅いホーロー容器に保存しています。濡らして固く絞ったペーパータオルを敷き、種類ごとに分けて並べるのがコツ。乾燥が防げるので保ちが良くなる利点があります。ペーパータオルは夏は毎日交換しますが、それ以外は3日に1回でOK。ラディッシュやねぎの切れ端などの小さい野菜も入れておくと、使い忘れが防げます。

買ってきた野菜は収納BOXへ

葉物類やコロコロ転がる野菜は、いつでもすぐに使えるように洗ってから、濡らして固く絞ったペーパータオルを敷いた透明のBOXで冷蔵保存。ラップ類が不要でゴミが減りますし、中が見やすいため使い忘れが防げるのもポイントです。ペーパータオルは夏は毎日、それ以外は3日に1回交換します。このBOXは合羽橋で購入しましたが、中が見える大きめの蓋付き容器なら、どんなものでも大丈夫です。

使い終わった昆布は捨てずに冷凍

出汁や本書の昆布入り合わせだれ、昆布締めなどで使った昆布には、まだまだうまみがたっぷり。そのまま捨ててしまうのはもったいないです。そこで我が家では、都度、容器に入れて冷凍するようにしています。容器の半分くらいまで溜まったら、解凍して細切りにし、かつおや干ししいたけなどを加えて佃煮にするのがオススメ（P.78参照）。ホーロー容器を使えば、そのまま調理もできて便利ですよ。

オイルは野菜によってからめる順番を変える

サラダを作るときはいつも「オイルをからめる順番」に気を付けています。葉物は先にオイルを全体に薄くからめてから塩、酢を加えると水が出にくいので、しんなりするのを防げます。逆に、かぶやにんじんなど少ししんなりさせたいものは、塩、オイルの順からめると味のなじみも良くなって◎。たったこれだけで仕上がりが格段に変わってくるので、ぜひ試してみてください。

その3

野菜が
メインの献立

肉、魚ときたら次に覚えておきたいのが、

栄養満点な野菜の献立。

アスパラ、きゅうりや半玉レタス、

たっぷりのニラやキノコを使った

箸がどんどん進む

味わい深いメニューをそろえました。

じゃがいもとベーコンのクリーム煮献立

フライパンですごく簡単に作れるポテトグラタン風の一皿。
とろりとろけるシュレッドチーズと、ほどよく火の入ったじゃがいもの絶妙な食感がポイントです。
アンチョビの塩気が効いた、奥深い味わいのサラダがよく合います。

野菜がメインの献立

[主菜] じゃがいもとベーコンのクリーム煮

材料 2人分

じゃがいも	2個
ベーコン	3枚
マッシュルーム	4個
シュレッドチーズ	50g
塩、粗挽き黒こしょう	各少々
バター	10g
牛乳	1カップ

作り方

1 じゃがいもは皮をむいて薄切りにする。ベーコンは細切りにする。マッシュルームは石づきを落とし、縦に薄切りにする。

2 フライパンにベーコンを中火で熱する。脂が出てカリッとしてきたら、ペーパータオルに取り出す。同じフライパンにバターを中火で熱し、じゃがいも、マッシュルーム、塩を入れてさっと炒める。牛乳を加え、蓋をして5分煮る。シュレッドチーズを加えて蓋をし、5分煮る。器に盛ってベーコンをのせ、こしょうをふる。

[副菜] アンチョビのグリーンサラダ

材料 2人分

アンチョビ	2枚
レタスの葉	1枚
ベビーリーフ	1パック (約40g)
A ワインビネガー、マスタード	各小さじ1
塩、粗挽き黒こしょう	各少々
オリーブ油	大さじ1

作り方

1 レタスは一口大にちぎる。

2 ボウルにちぎったアンチョビ、Aを入れてよく混ぜる。レタス、ベビーリーフを加えてさっと和える。

● こんな副菜・汁物もぴったり

◎にんじんとパプリカのケチャップ炒め (P.95)
◎たことパプリカのピリ辛炒め (P.98)

きゅうりと牛肉のコチュジャンしそ炒め献立

さっぱり爽やかなきゅうりは、しっかり味の牛肉と相性抜群。
白いご飯が欲しくなること間違いなしのジューシーおかずです。
昆布×かまぼこのうまみ食材の重ね使いがポイントのスープは、そのおいしさに思わず顔がほころびます。

[主菜] きゅうりと牛肉のコチュジャンしそ炒め

〈ごま酢しょうゆ〉

材料 2人分

- きゅうり……………………… 2本（約200g）
- 牛切り落とし肉……………………… 150g
- にんにく……………………… 1かけ
- 青じそ……………………… 10枚
- コチュジャン……………………… 大さじ1/2
- 塩……………………… 少々
- ごま油……………………… 大さじ1
- **ごま酢しょうゆだれ……………………… 大さじ1**

合わせだれがなかったら

- しょうゆ、白すりごま、酢 …… 各小さじ1
- みりん …… 小さじ1/3

作り方

1. きゅうりは縦に数本皮をむき、縦半分に切って1cm幅の斜め切りにする。にんにくは半量をすりおろし、残りはみじん切りにする。牛肉はボウルに入れておろしにんにく、コチュジャン、ごま酢しょうゆだれを加えて揉み込む。青じそは軸を取って大きめにちぎる。

2. フライパンにみじん切りのにんにく、油を中火で熱する。きゅうり、牛肉を互いが混ざらないように広げ入れる。強火にして、牛肉を返しながら2分ほど焼き付ける。きゅうりに塩をふり、青じそを加えてさっと炒め合わせる。

[副菜] パプリカとかまぼこのスープ

〈うま塩昆布〉

材料 2人分

- 赤パプリカ……………………… 1/4個
- かまぼこ……………………… 2cm幅分
- 乾燥カットわかめ……………………… 大さじ1
- 水……………………… 1と1/2カップ
- **うま塩昆布だれ……………………… 大さじ1**

合わせだれがなかったら

- 酒 …… 大さじ1
- 塩 …… 小さじ1/4
- 砂糖 …… ひとつまみ

作り方

1. パプリカは種とワタを取って、細切りにする。かまぼこは薄切りにし、さらに細切りにする。

2. 鍋にすべての材料を入れて中火で熱し、ひと煮立ちさせる。

[つけ合わせ] 白菜の中華風漬け物 (P.77)

● こんな副菜・汁物もぴったり

◎長芋のうま塩こんがり焼き (P.99)
◎オクラと干しえびのスープ (P.104)

野菜がメインの献立

まいたけと桜えびのかき揚げ献立

たれに付けずに塩で食べることで、ザクザク食感を存分に堪能できるかき揚げ。
いろいろな野菜をまとめて揚げればそれだけで絶品の主菜が完成します。
副菜には、たんぱく質が豊富なマグロのせ冷や奴がオススメ。

野菜がメインの献立

[主菜] まいたけと桜えびのかき揚げ

材料 2人分

まいたけ	1パック (約100g)
桜えび	大さじ3
玉ねぎ	1/2個 (約100g)
青じそ	10枚
カットレモン	適量
小麦粉	大さじ6
塩	少々
水	大さじ4
米油	適量

作り方

1 まいたけは食べやすい大きさにほぐす。玉ねぎは薄切りにする。青じそは軸を取って、3〜4等分にちぎる。

2 1、桜えびをボウルに入れ、小麦粉大さじ3をまぶす。残りの小麦粉(大さじ3)を水で溶き、同じボウルに回し入れてさっくりと混ぜる。

3 フライパンに油を深さ2cmほど入れて、中火で熱する。2を1/6量ずつ入れ、ときどき返しながら4〜5分揚げる。器に盛って塩をふり、レモンを添える。

[副菜] まぐろとトロロの冷や奴

しょうゆ昆布

材料 2人分

まぐろの刺身 (切り落とし)	100g
長芋	100g
絹ごし豆腐	1丁 (約300g)
万能ねぎ	1本
わさび	少々
(好みで)しょうゆ	適量
しょうゆ昆布だれ	**大さじ1**

合わせだれがなかったら

酒、しょうゆ …… 各大さじ1/2
みりん …… 小さじ1/2
砂糖 …… ひとつまみ

作り方

1 まぐろはしょうゆ昆布だれに10分漬ける。長芋は皮をむいてすりおろす。万能ねぎは小口切りにする。

2 豆腐は半分に切って、それぞれ器に盛る。長芋、まぐろを半量ずつ順にのせ、万能ねぎを半量ずつ散らす。わさびを添え、しょうゆをかける。

▼ こんな副菜・汁物もぴったり

◎白菜のエスニックレモンサラダ (P.99)
◎豆腐とキムチのおかずスープ (P.102)

アスパラ肉巻きのチーズパン粉焼き献立

肉をぐるりと巻き付けた、食べ応え充分なアスパラ肉巻き。
こんがり香ばしいチーズパン粉は何物にも代え難いおいしさです。
やさしい甘さとほっくり食感が楽しめる、かぼちゃの煮物と一緒にどうぞ。

野菜がメインの献立

[豆乳マヨ]

[主菜] アスパラ肉巻きのチーズパン粉焼き

材料 2人分

- アスパラガス（太め）……4本（約180g）
- 豚ロース薄切り肉（しゃぶしゃぶ用）
  ……………………………… 8枚（約120g）
- A [粉チーズ、パン粉 …… 各大さじ2
- B [ゆで卵 ……………………………… 1個
      紫玉ねぎ ………………… 1/8個（約25g）
      レモン汁 ……………………… 小さじ1/2
      豆乳マヨだれ ………………… **大さじ3**
- 塩、こしょう ……………………… 各少々
- オリーブ油 ………………………… 大さじ2

合わせだれがなかったら

マヨネーズ …… 大さじ3

作り方

1. アスパラガスは根元を1cmほど落とし、皮の硬い部分をむく。豚肉に塩、こしょうをふって2枚ずつアスパラガスに巻き付け、長さを半分に切る。バットにAを合わせ、肉全体にしっかりとまぶす。Bのゆで卵、紫玉ねぎはみじん切りにして、Bの残りの材料と合わせる。

2. フライパンに油を中火で熱する。1のアスパラ肉巻きを入れ、ときどき返しながら4〜5分香ばしく焼く。器に盛って、Bをかける。

[甘辛しょうゆ]

[副菜] かぼちゃの甘辛煮

材料 2人分

- かぼちゃ ……………………………… 200g
- 砂糖 …………………………………… 小さじ1
- A [水 ………………………………… 1/2カップ
      甘辛しょうゆだれ ……… **小さじ4**

合わせだれがなかったら

- 酒、しょうゆ …… 各小さじ2
- 砂糖、みりん …… 各小さじ2/3

作り方

1. かぼちゃは種とワタを取って小さめの一口大に切る。小鍋に入れて砂糖をまぶし、5分おく。

2. 1の鍋にAを加えて中火で熱する。クッキングシートで落とし蓋をし、10分煮る。

♥ こんな副菜・汁物もぴったり

◎たことパプリカのピリ辛炒め (P.98)
◎かぶとホタテのポタージュ (P.106)

菜の花といかのナンプラー炒め献立

野菜本来の甘みを存分に楽しめる、エスニックな炒め物。
いかは火が入り過ぎると硬くなるので最後にさっと炒めましょう。
副菜には保存しておいた余ったお肉を加え、ボリューム満点に仕上げます。

野菜がメインの献立

ナンプラー唐辛子

[主菜] 菜の花といかのナンプラー炒め

材料 2人分

菜の花 ……………………… 1束(約200g)
いか ………………………… 1杯(約200g)
にんにく(みじん切り) ……… 1かけ分
水 …………………………… 大さじ1
オリーブ油 ………………… 適量
ナンプラー唐辛子だれ …… **小さじ2**

合わせだれがなかったら

ナンプラー …… 小さじ1と1/3

作り方

1. 菜の花は長さを半分に切る。いかは胴と足を分け、胴はワタを取って1cm幅の輪切りにする。足は2～3本ずつに切り分ける。

2. フライパンに油大さじ1を中火で熱する。菜の花を広げ入れてさっと炒め、水を加えて蓋をして1分蒸す。油大さじ1、にんにくを加えて強火にし、いか、ナンプラー唐辛子だれを加えて1～2分炒め合わせる。

甘辛しょうゆ

[副菜] ひき肉と卵の甘辛炒め

材料 2人分

鶏ひき肉 …………………… 30g
卵 …………………………… 2個
パクチー …………………… 少々
塩 …………………………… 少々
米油 ………………………… 大さじ1
甘辛しょうゆだれ ………… **大さじ1**

合わせだれがなかったら

酒、しょうゆ …… 各大さじ1/2
砂糖、みりん …… 各小さじ1/2

作り方

1. 卵は割りほぐし、塩を加えて溶く。

2. 小さめのフライパンに油を中火で熱する。ひき肉を入れて2分ほど炒め、1を流し入れて大きくかき混ぜる。甘辛しょうゆだれを加えてさっとからめ、器に盛ってパクチーを添える。

🍚 こんな副菜・汁物もぴったり

◎かぼちゃとナッツのサラダ (P.93)
◎もやしとさつま揚げのカレー煮 (P.97)

トマトと鶏肉のスパイス煮献立

トマトの水分だけで蒸し煮にした絶品の洋風おかず。
肉はしっかりと焼き目を付けることで、スパイスの風味たっぷりな煮汁がよくからみます。
マスタードの爽やかさと豆乳マヨのコクが感じられるサラダを添えて、いただきましょう。

野菜がメインの献立

[主菜] トマトと鶏肉のスパイス煮

材料 2人分

- トマト……………………………… 2個
- 鶏もも肉（唐揚げ用）………… 250g
- にんにく…………………………… 1かけ
- 塩…………………………………… 適量
- カレー粉………………………… 小さじ1
- クミンシード………………… 小さじ1/2
- 白ワイン、オリーブ油……… 各大さじ1

作り方

1. トマトはヘタを取って横半分に切り、断面に塩ひとつまみをふる。鶏肉は塩小さじ1/2、カレー粉をふってなじませる。にんにくは半分に切り、芯を取って潰す。

2. フライパンに油、にんにく、クミンシードを中火で熱し、鶏肉を皮目を下に並べ入れる。少し火を弱めて3分焼き、裏返す。トマトを断面を下に並べ入れ、ワイン加えて蓋をし、5分蒸し煮にする。

[副菜] ズッキーニのマスタードマヨサラダ

豆乳マヨ

材料 2人分

- ズッキーニ……………… 小1本（約150g）
- ラディッシュ…………………………… 5個
- 粒マスタード………………… 大さじ1/2
- **豆乳マヨだれ**………………… **大さじ3**

合わせだれがなかったら

- マヨネーズ …… 大さじ3

作り方

ズッキーニ、ラディッシュは薄切りにする。ボウルにすべての材料を入れ、和える。

🍚 こんな副菜・汁物もぴったり

◎かぼちゃとナッツのサラダ（P.93）
◎れんこんのバルサミコグリル（P.95）

ニラたっぷり麻婆豆腐献立

白ご飯と相性抜群な定番中華を、野菜の摂れる一皿に仕上げました。
肉の甘み&うまみが豆腐に移って、非常に美味。
サラダは春菊とパクチーのクセになる味わいが魅力です。

野菜がメインの献立

[甘辛みそ]

[主菜] ニラたっぷり麻婆豆腐

材料 2人分

- ニラ ……………………………… 1/2束
- 木綿豆腐 ………………… 1丁（約300g）
- 豚ひき肉 ………………………… 100g
- 花椒 …………………………… 小さじ1/2
- 水溶き片栗粉
  - ［水 ……………………………… 小さじ4
  - ［片栗粉 ………………………… 小さじ2
- A ［しょうが（みじん切り）…… 1かけ分
  - ［しょうゆ ……………………… 小さじ1
  - [**甘辛みそだれ** …………… **大さじ2**
- 水 ………………………………… 3/4カップ
- 米油 ……………………………… 大さじ1

合わせだれがなかったら

- 酒、みそ …… 各大さじ1
- 砂糖、みりん …… 各小さじ2/3

作り方

1. ニラは2cm長さに切る。豆腐は2cm角に切る。花椒は刻む。水溶き片栗粉は小さめの容器に混ぜ合わせる。

2. フライパンに油、花椒を中火で熱する。ひき肉を加えて2分ほどしっかり炒める。Aを加えてさっと炒めて、豆腐を加える。さっと炒めて水を加え、2分煮る。水溶き片栗粉をもう一度混ぜてから回し入れ、とろみがついたらニラを加えてひと混ぜする。

[ナンプラー唐辛子]

[副菜] 春菊とパクチーのサラダ

材料 2人分

- 春菊 ………………… 1/3束（約70g）
- パクチー …………… 1/2束（約25g）
- ごま油 ………………………… 小さじ1
- **ナンプラー唐辛子だれ** ……… **小さじ1**

合わせだれがなかったら

- ナンプラー …… 小さじ2/3

作り方

1. 春菊は葉を摘み、茎は斜め切りにする。パクチーは3cm長さに切る。

2. 1をボウルに入れ、油を加えて全体にからめる。ナンプラー唐辛子だれを加え、さっと和える。

🍽 こんな副菜・汁物もぴったり

◎ ミックスビーンズとアボカドのごま酢サラダ (P.98)
◎ 白菜のエスニックレモンサラダ (P.99)

白菜と豚肉の塩レモン蒸し献立

クタクタになった白菜が、肉や調味料のおいしさをしっかり含んでたまらない味わいに。
噛むたびにジュワッとうまみが溢れ出る絶品蒸し料理です。
トマトサラダは、じゃこをカリカリに炒める少しの手間を惜しまないことが大切。

野菜がメインの献立

[うま塩昆布]

[主菜] 白菜と豚肉の塩レモン蒸し

材料 2人分

白菜 ………………… 1/6個（約500g）
豚バラ薄切り肉（しゃぶしゃぶ用）
　………………………………… 150g
レモンスライス ……………… 1/4個分
ごま油 ………………………… 大さじ3
うま塩昆布だれ ……………… **大さじ2**

合わせだれがなかったら

酒 …… 大さじ2
塩 …… 小さじ1/2
砂糖 …… ふたつまみ

作り方

1. 白菜は繊維に対して垂直に5mm幅に切る。豚肉は長さを3等分に切る。

2. 鍋に白菜の芯の部分を敷き詰める。豚肉の半量を広げてのせ、うま塩昆布だれの半量を回しかける。白菜の葉を重ね、残りの豚肉、うま塩昆布だれ、レモンスライスを順に重ね、ごま油を回しかける。蓋をして中火で熱し、ふつふつと音がしてきたら弱火にし、15分蒸し煮にする。

[ごま酢しょうゆ]

[副菜] カリカリじゃことトマトのサラダ

材料 2人分

ちりめんじゃこ ……… 大さじ4（約12g）
トマト ………………… 大1個（約200g）
みょうが ………………………… 2個
オリーブ油 ……………… 大さじ1と1/2
ごま酢しょうゆだれ ………… **大さじ1**

合わせだれがなかったら

しょうゆ、白すりごま、酢 …… 各小さじ1
みりん …… 小さじ1/3

作り方

1. フライパンに油、ちりめんじゃこを中火で熱する。じゃこが薄く色づいたらすくいあげ、ペーパータオルに広げる。油は捨てずにとっておく。トマトはヘタを取って一口大に切る。みょうがは小口切りにする。

2. ボウルに1のじゃこ、とっておいた油、トマト、みょうがを入れ、ごま酢しょうゆだれを加えてさっと和える。

● **こんな副菜・汁物もぴったり**

◎ 大根のみそマヨ炒め (P.96)
◎ ズッキーニと厚揚げのみそ汁 (P.107)

かぶとキャベツのうま煮献立

シンプルながらも、素材のやさしい味わいが口いっぱいに広がる一皿。
野菜の甘みと肉のしっとり感がたまりません。
濃厚なコクがポイントの明太バター和えと合わせると、互いを引き立てあいます。

うま塩昆布

[主菜] かぶとキャベツのうま煮

材料 2人分

かぶ	2個（約160g）
キャベツ（あれば春キャベツ）	1/4個（約250g）
鶏ささみ	3本（約150g）
薄口しょうゆ	小さじ1
塩	少々
片栗粉	適量
水	2カップ
うま塩昆布だれ	**大さじ2**

合わせだれがなかったら

酒 …… 大さじ2
塩 …… 小さじ1/2
砂糖 …… ふたつまみ

作り方

1. かぶは皮をむいて6等分のくし形に切る。キャベツは芯を付けたまま4等分のくし形に切る。ささみは筋を取って3等分のそぎ切りにし、塩をふって片栗粉を薄くまぶす。

2. 鍋に水、うま塩昆布だれ、かぶ、キャベツを入れて中火にかける。煮立ったら蓋をし、5分煮る。ささみ、しょうゆを加えて3分煮る。

[副菜] にんじんとしめじの明太バター和え

材料 2人分

にんじん	1/4本（約40g）
しめじ	大1パック（約150g）
明太子	1/4腹
万能ねぎ	3本
バター	10g

作り方

1. にんじんは皮をむいて細切りにする。しめじは石づきを落として小房に分ける。明太子は薄皮を外す。万能ねぎは小口切りにする。

2. にんじん、しめじを耐熱ボウルに入れてふんわりラップをかけ、レンジで3分加熱する。熱いうちに明太子、万能ねぎ、バターを加えてさっと和える。

🍲 こんな副菜・汁物もぴったり

◎えのきのコチュジャン和え（P.97）
◎大根と豆苗のザーサイ和え（P.101）

野菜がメインの献立

半玉レタスと豚肉のオイスター炒め献立

火を加えるから1/2個のレタスでもペロリといただける、ボリューム満点な炒め物。
湯通ししてから炒めることで加熱のムラがなくなります。
副菜には、セロリと柚子こしょうがアクセントのポテトサラダを合わせて。

野菜がメインの献立

{オイスターしょうゆ}

[主菜] 半玉レタスと豚肉のオイスター炒め

材料 2人分

- レタス……………………1/2個(約250g)
- 豚ロース肉(しゃぶしゃぶ用)……150g
- A ┌ 塩……………………小さじ1/2
  │ 湯……………………3カップ
  └ 米油…………………大さじ2
- 粗挽き黒こしょう……………少々
- **オイスターしょうゆだれ……大さじ2**

合わせだれがなかったら

- オイスターソース、酒、しょうゆ
  ……各小さじ2

作り方

1. レタスは大きめの一口大に切る。フライパンにAを中火で熱する。煮立ったら豚肉を入れて30秒茹で、レタスを加える。さっとひと混ぜしてざるにあげ、水気をきる。

2. フライパンの水気をさっと拭き、強火で熱してレタスと豚肉を戻し入れる。オイスターしょうゆだれを回し入れ、さっと炒め合わせる。器に盛って、こしょうをふる。

{豆乳マヨ}

[副菜] じゃがいもの柚子こしょうマヨ和え

材料 2人分

- じゃがいも……………………1個
- セロリ…………………………1本
- 塩………………………………少々
- 柚子こしょう…………………小さじ1/2
- **豆乳マヨだれ………………大さじ2**

合わせだれがなかったら

- マヨネーズ……大さじ2

作り方

1. じゃがいもはラップに包んでレンジで3分加熱し、上下を返して30秒加熱する。セロリは筋を取って薄切りにし、塩をふって和える。

2. じゃがいもの皮をむいてボウルに入れ、一口大に崩す。セロリの水気を絞って加え、柚子こしょう、豆乳マヨだれを加えて和える。

● こんな副菜・汁物もぴったり

◎ミックスビーンズとアボカドのごま酢サラダ (P.98)
◎大根の梅昆布スープ (P.105)

作っておけば、とにかく便利
10種のつけ合わせ

キノコの炒め煮

大根の大葉しょうゆ漬け

味付け卵

主菜に加えて、副菜まで作っている時間がない。でも一品で食事を済ませるのは気が引ける……。そんなときに便利な、作って保存しておけるつけ合わせを紹介します。ぜひ献立に取り入れてみて。

大根の大葉しょうゆ漬け

大葉の風味豊かな一品は、好みでにんにくの薄切りを入れても。刻んでご飯に混ぜ込むとおいしい。

材料と作り方
1.5cm角に切った大根300gに、砂糖と塩各小さじ1/2をまぶして10分おく。水気を拭いて保存袋に入れ、軸を取って小さめにちぎった青じそ5枚を加える。小鍋にしょうゆ昆布だれ大さじ4をひと煮立ちさせ、酢大さじ1を加える。保存袋に注ぎ入れ、軽く揉んでから空気を抜くように口を閉じ、冷蔵庫で一晩漬ける。

保存　冷蔵で1週間ほど

キノコの炒め煮

ほっこりとした和の味わいで、汁物の具にもぴったり。いろいろなキノコで試して、お気に入りを探してみて。

材料と作り方
フライパンに米油大さじ1を中火で熱し、根元を落として長さを半分に切ったえのき100g、長さを半分に切り4〜6等分に裂いたエリンギ100g、石づきを落として4〜6等分に裂いたしいたけ100gを1分ほど焼き付ける。返しながら2分ほど炒め、香ばしくなったらしょうゆ昆布だれ大さじ1と1/2を回し入れ、炒め合わせる。

保存　冷蔵で4〜5日

味付け卵

甘めの味付けで、ご飯がどんどん進みます。お弁当の「あと一品」にも最適。ゆで加減はお好みで。

材料と作り方
鍋に甘辛しょうゆだれ大さじ3、水大さじ1を中火で熱する。煮立ったら殻をむいたゆで卵6個を入れ、返しながら1分煮る。煮汁ごと保存袋に入れ、空気を抜くように口を閉じ、粗熱がとれたら冷蔵庫で1時間以上漬ける。

保存　冷蔵で3〜4日

きゅうりと香味野菜の刻み漬け

ポテトサラダに混ぜ込むと非常に美味。

材料と作り方

6mm角に切ったきゅうり2本、粗いみじん切りにしたみょうが1個、粗いみじん切りにしたしょうが1かけ、ごく細切りにした昆布2gを保存瓶に入れる。酢大さじ5、水大さじ1、砂糖小さじ1、塩小さじ1/2を加えてひと混ぜし、冷蔵庫で一晩漬ける。

保存　冷蔵で2週間ほど

紫キャベツの酢漬け

彩りが良いので、サンドイッチの具にするのがオススメ。

材料と作り方

鍋に細切りにしたベーコン2枚を弱火で熱する。脂が出てきたらペーパータオルで吸い取り、せん切りの紫キャベツ1/4個（約250g）を加えてさっと混ぜる。白ワインビネガー大さじ3、塩小さじ1/2を加えてひと混ぜし、火を止める。オリーブ油小さじ1を加えてよく和える。

保存　冷蔵で1週間ほど

白菜の中華風漬け物

花椒は少量使うだけで、中華っぽさがぐっと増します。

材料と作り方

ボウルに縦5cm長さに切って横5mm幅の細切りにした白菜300gを入れ、砂糖と塩各小さじ3/4を加えてさっと混ぜる。小鍋にごま油大さじ2、粗く刻んだしょうが1かけ、粗く刻んだ花椒小さじ1/2を弱火で熱する。香りがたったらボウルに回しかけてさっと混ぜ、30分以上おく。

保存　冷蔵で1週間ほど

かぶの葉のアンチョビ和え

混ぜご飯や、バゲットにチーズとのせて焼くのも◎

材料と作り方

たっぷりの湯に塩少々、よく洗ったかぶの葉250g（5個分）を入れて1分ほど茹で、ざるにあげる。粗熱がとれたら2cm長さに切って水気を絞り、ボウルに入れる。包丁でペースト状にしたアンチョビ3枚（約15g）、オリーブ油小さじ2、しょうゆ小さじ1/2を加えてよく和える。

保存　冷蔵で3～4日

昆布とかつおの山椒煮

長芋のみそ漬け

かぶとセロリの浅漬け

かぶとセロリの浅漬け

やさしい苦みとほどよい辛みがクセになる、爽やかな一品。シャキシャキとした食感がポイントです。

材料と作り方

皮をむき縦半分に切って縦5mm厚さに切ったかぶ3個、5mm長さに切ったかぶの葉50g（1個分）、筋を取って5mm厚さの斜め切りにしたセロリ1本、半分に折って種を取った赤唐辛子1本、細切りにした昆布2gを保存袋に入れる。塩小さじ1を加えて軽く揉み、空気を抜くようにして口を閉じて冷蔵庫で1時間以上漬ける。

保存　冷蔵で4〜5日ほど

昆布とかつおの山椒煮

出汁やたれ作りに使った昆布を再利用した、和風煮物。余ったかつおのお刺身だけでなく、牛こま切れ肉や戻した干ししいたけでもおいしく作れます。

材料と作り方

細切りにした昆布（出汁やたれに使ったもの）70g、実山椒の水煮（市販品）大さじ1（粉山椒なら小さじ1/4）、水1カップ、酒とみりん各1/4カップ、しょうゆ大さじ2、砂糖大さじ1を鍋に中火で熱する。煮立ったら1.5cm角に切ったかつおの刺身150gを加え、2分煮る。蓋をして弱火にし、汁気がほぼなくなるまで25分ほど煮る。

保存　冷蔵で1週間ほど

長芋のみそ漬け

加熱不要で手間いらずの漬け物。ご飯のお供に最適なので、いつもの献立にそっと添えましょう。

材料と作り方

ポリ袋にみそ50g、みりん大さじ2を入れて揉み混ぜる。5cm長さ、2cm角の棒状に切った長芋250gを加えて、全体に調味料がからまるように揉み、冷蔵庫で一晩漬ける。

保存　冷蔵で1週間ほど

その4

ご飯・麺

特に忙しい日やランチの強い味方が
どんぶりや焼きそばなどの、ご飯・麺。
好みの副菜や汁物をプラスするだけで、
あっという間に献立が完成します。
洗い物が少なくて済むのも
嬉しいところなので、ぜひ試してみて。

豚玉どんぶり

甘辛しょうゆ

トロトロ卵と甘辛だれは、温かいご飯と相性抜群。
多めの油で目玉焼きの端をカリッと焼き付けるのが、おいしく仕上げるポイントです。

材料 2人分

温かいご飯	400g
豚こま切れ肉	150g
卵	2個
玉ねぎ	1/2個
水	1/4カップ
米油	大さじ1
甘辛しょうゆだれ	**大さじ3**

合わせだれがなかったら

酒、しょうゆ …… 各大さじ1と1/2
砂糖、みりん …… 各大さじ1/2

作り方

1. 玉ねぎは薄切りにする。

2. 小鍋に水、甘辛しょうゆだれ大さじ2を中火で熱する。煮立ったら豚肉、玉ねぎを加えて5分煮る。

3. フライパンに油を中火で熱する。卵を割り入れ、残りの甘辛しょうゆだれ(大さじ1)を回し入れて目玉焼きを作る。器にご飯をよそい、2、目玉焼きをのせる。

● こんな副菜・汁物がぴったり

◎大根と豆苗のザーサイ和え (P.101)
◎なすと油揚げのみそ汁 (P.102)

ご飯

セロリとハムのピラフ

うま塩昆布

ハムとバターのコク深いうまみが、ご飯によくからんでたまらない味わいに。
余ったセロリの葉はサラダやスープに使いましょう。

材料 2人分

温かいご飯	300g
セロリ	1/2本
ハム	3枚
マッシュルーム	3個
バター	10g
粗挽き黒こしょう	少々
米油	大さじ1
うま塩昆布だれ	**大さじ1**

合わせだれがなかったら

酒 …… 大さじ1
塩 …… 小さじ1/4
砂糖 …… ひとつまみ

作り方

1. セロリは葉を少量刻み、茎は粗みじん切りにする。ハムは7mm四方に切る。マッシュルームは石づきを落とし、縦に薄切りにする。

2. フライパンに油を中火で熱する。セロリの茎、ハム、マッシュルームを入れて1〜2分炒め合わせる。ご飯を加えてパラパラになるまで炒め、うま塩昆布だれを回し入れて炒め合わせる。バターを加えて全体にからめ、器によそう。セロリの葉を散らし、こしょうをふる。

● こんな副菜・汁物がぴったり

◎ミックスビーンズとアボカドのごま酢サラダ (P.98)
◎かぼちゃのカレースープ (P.105)

和風キーマカレー

[しょうゆ昆布]

トマトと昆布のうまみのおかげで、
長時間煮込まなくてもおいしいカレーに仕上がります。

材料 2人分

温かいご飯	300g
合びき肉	120g
玉ねぎ	1/2個
ピーマン	1個
ミニトマト	8個
カレー粉	大さじ1
塩、こしょう	各少々
水	1/2カップ
米油	大さじ1
しょうゆ昆布だれ	**大さじ2**

合わせだれがなかったら

酒、しょうゆ …… 各大さじ1
みりん …… 小さじ1
砂糖 …… ふたつまみ

作り方

1. 玉ねぎはみじん切りにする。ピーマンは種とワタを取り、5mm四方に切る。ミニトマトはヘタを取り、縦に4等分に切る。

2. フライパンに油を中火で熱する。ひき肉、塩、こしょうを入れて2分炒め、玉ねぎを加える。しんなりするまで3分ほど炒め、ピーマン、ミニトマト、カレー粉を加えてさっと炒める。水、しょうゆ昆布だれを加えて5分煮てカレーを作る。器にご飯をよそい、カレーをかける。

● こんな副菜・汁物がぴったり

◎大根と豆苗のザーサイ和え (P.101)
◎かぶとホタテのポタージュ (P.106)

ご飯

ごまねぎ風味のサーモンどんぶり

ごま酢しょうゆ

ごま酢の酸味と青じそ&ねぎの豊かな風味が、脂たっぷりのサーモンを爽やかに。
加熱いらずのお手軽メニューです。

材料 2人分

温かいご飯……………………… 400g
サーモンの刺身………………… 120g
長ねぎ(みじん切り)…………… 1/4本分
青じそ(せん切り)……………… 10枚分
ごま油……………………………… 小さじ1
ごま酢しょうゆだれ …… **大さじ1と1/2**

合わせだれがなかったら

しょうゆ、白すりごま、酢
…… 各大さじ1/2
みりん …… 小さじ1/2

作り方

1. サーモン、ごま油、ごま酢しょうゆだれをボウルに入れて和える。
2. 器にご飯をよそって1を汁ごとのせ、長ねぎ、青じそをのせる。

● こんな副菜・汁物がぴったり

◎エリンギと大豆のきんぴら (P.100)
◎トマトともやしのピリ辛スープ (P.103)

豚バラとパクチーのチャーハン

オイスターしょうゆ

他の具と一緒に炒めることでパクチーのクセが和らぐので、
エスニック初心者にも試してほしい一皿。上級者はたっぷり後のせするのが◎

材料 2人分

温かいご飯	400g
豚バラ肉（焼肉用）	150g
パクチー	1束
しょうが（みじん切り）	2かけ分
塩、こしょう	各少々
ごま油	大さじ1

オイスターしょうゆだれ
　　　　　　　　　　　　大さじ1と1/2

合わせだれがなかったら

オイスターソース、酒、しょうゆ
　……各大さじ1/2

作り方

1 豚肉は1cm幅に切り、オイスターしょうゆだれ大さじ1/2を揉み込む。パクチーは葉を少し取り分け、残りはざく切りにする。

2 フライパンに油、しょうがを中火で熱する。香りがたったら豚肉を加えて炒める。色が変わったらご飯を加え、塩、こしょうをふって炒め合わせる。ざく切りのパクチー、残りのオイスターしょうゆだれ（大さじ1）を加えてさっと炒め合わせる。器によそい、取り分けたパクチーの葉をのせる。

● こんな副菜・汁物がぴったり

◎白菜のエスニックレモンサラダ (P.99)
◎ほうれん草と豆腐のスープ (P.106)

ご飯・麺

ニラ玉焼きうどん

オイスターだれの深いコクと桜えびから染み出すうまみで、後引くおいしさに。
ニラには火が入り過ぎないよう注意しましょう。

オイスターしょうゆ

材料 2人分

冷凍うどん	2玉
ニラ	1束
卵	2個
桜えび	大さじ2
粗挽き黒こしょう	少々
米油	適量

オイスターしょうゆだれ
…… 大さじ1と1/2

合わせだれがなかったら

オイスターソース、酒、しょうゆ
…… 各大さじ1/2

作り方

1. うどんはさっと茹でて水気をきる。ニラは細かく刻む。卵は割りほぐす。

2. フライパンに油大さじ2を中火で熱する。油が熱々になったら卵を回し入れ、箸で大きく混ぜて半熟のうちに取り出す。油大さじ1、桜えびを中火で熱し、香りがたったらうどん、オイスターしょうゆだれを加えて炒め合わせる。卵を戻し入れ、ニラを加えてさっと炒める。器に盛り、こしょうをふる。

🍚 こんな副菜・汁物がぴったり

◎白菜とちくわの梅マヨ和え (P.92)
◎大根の梅昆布スープ (P.105)

ねぎしょうゆのコクうま焼きそば

[しょうゆ昆布]

香ばしいしょうゆの風味が食欲をそそります。
ひき肉はしっかり炒めると、臭みが消えてうまみが増すので◎

材料 2人分

中華蒸し麺	2玉
鶏ひき肉	100g
長ねぎ	1本
粗挽き黒こしょう	少々
米油	大さじ1
しょうゆ昆布だれ	**大さじ3**

合わせだれがなかったら

酒、しょうゆ …… 各大さじ1と1/2
みりん …… 大さじ1/2
砂糖 …… ふたつまみ

作り方

1 麺は袋の端に2cmほど切り込みを入れ、レンジで1分加熱してほぐす。長ねぎは青い部分も含めて、斜め薄切りにする。

2 フライパンに油を中火で熱する。ひき肉を入れて1分ほど炒め、長ねぎを加える。1分ほど焼き付けながら炒め、麺を加えてほぐす。しょうゆ昆布だれを鍋肌から回し入れ、炒め合わせる。器に盛り、こしょうをふる。

● こんな副菜・汁物がぴったり

◎大根と豆苗のザーサイ和え (P.101)
◎オクラと干しえびのスープ (P.104)

ツナとレモンの香味パスタ

ナンプラー唐辛子

レモンの酸味と皮の風味で、後味スッキリな爽やかパスタ。
皮は白い部分が入らないようにすれば、苦みが出ません。

材料 2人分

スパゲティ	150g
レモン	1個
ツナ缶（75g入り）	1缶
青じそ	10枚
にんにく（みじん切り）	1かけ分
白ワイン、オリーブ油	各大さじ2
ナンプラー唐辛子だれ	**小さじ2**

合わせだれがなかったら

ナンプラー …… 小さじ1と1/3

作り方

1. レモンは皮を薄く削ってせん切りにする。ツナは缶汁を軽くきる。青じそは軸を取って細かくちぎる。スパゲティは1.5ℓの湯に塩大さじ1（分量外）を加え、袋の表示通り茹でる。茹で汁は捨てずにとっておく。

2. フライパンに油、にんにくを中火で熱する。香りがたったらレモンの皮、ツナ、ワインを加えてさっと炒める。茹で上がったスパゲティ、茹で汁大さじ3、青じそ、ナンプラー唐辛子だれを加えてさっと和える。器に盛り、レモンを搾る。

● こんな副菜・汁物がぴったり

◎にんじんとパプリカのケチャップ炒め (P.95)
◎かぶとホタテのポタージュ (P.106)

アボカド明太サラダうどん

[豆乳マヨ]

とろっと濃厚なアボカド&明太子が、うどんによくからんで美味。
和と洋の味わいが一皿で楽しめる絶品メニューです。

材料 2人分

冷凍うどん	2玉
アボカド	1個
貝割れ菜	1/2パック
明太子（ほぐしたもの）	1/2腹分
焼き海苔（全形）	1枚
わさび、（好みで）しょうゆ	各適量
豆乳マヨだれ	**大さじ3**

合わせだれがなかったら

マヨネーズ …… 大さじ3

作り方

1. うどんは茹でて冷水でしめて器に盛る。アボカドは種と皮を取り、1cm角に切る。貝割れ菜は根元を落として1cm長さに切る。

2. アボカド、明太子、豆乳マヨだれをボウルに入れてさっと和える。1のうどんにのせ、貝割れ菜、細かくちぎった海苔をのせ、わさびを添える。しょうゆをかける。

● こんな副菜・汁物がぴったり

◎青梗菜のうま塩オイル茹で (P.96)
◎ごぼうと鶏肉の和風スープ (P.104)

豆苗と豚肉の辛みそ焼きそば

甘辛みそ

甘辛だれに豆板醤を加えることで、より奥行きのある味わいに仕上がります。
豆苗は食感を残すため、さっと炒めるだけでOK。

材料 2人分

中華蒸し麺……………………2玉
豆苗……………………1パック（約350g）
豚こま切れ肉……………………100g
しょうゆ、豆板醤……………各小さじ1
ごま油……………………………大さじ1
甘辛みそだれ………………**大さじ3**

合わせだれがなかったら

酒、みそ……各大さじ1と1/2
砂糖、みりん……各小さじ1

作り方

1. 麺は袋の端に2cmほど切り込みを入れ、レンジで1分加熱してほぐす。豆苗は根元を落として2cm長さに切る。

2. フライパンに油を中火で熱する。豚肉を入れて1分ほど焼き付け、豆板醤を加えて炒める。麺を加えてほぐし、しょうゆ、甘辛みそだれを回し入れる。豆苗を加え、さっと炒め合わせる。

♥ こんな副菜・汁物がぴったり

◎キャベツとホタテの海苔マヨ和え (P.100)
◎大根の梅昆布スープ (P.105)

出汁と昆布の話

出汁は取り方がよく分からないし面倒だから、市販の顆粒タイプしか使ったことない。
そんな人にオススメしたい、おいしくて簡単な出汁の取り方と活用の方法を紹介します。
ほんのひと手間で料理がぐっとおいしくなるので、ぜひ試してほしいです。

手間をかけてでも作りたい、昆布と削り節の合わせ出汁

我が家の出汁の材料は「最小限の昆布と削り節で、最大限にうまみを引き出す」という経済的なもので、師匠である川津幸子先生から教わりました。「水1カップに昆布1g、削り節2g」が基本の比率で、必要な分量に合わせて（「水3カップなら昆布3g、削り節6g」といった具合に）計量しています。鍋に水、昆布、削り節（出汁袋に入れるのがオススメ）を入れて中火にかけ、煮立つ直前に弱火にして、4分煮てから火を止めてそのまま冷ましてください。できれば昆布は火にかける前に、水に10分つけておくとより良いです。冷蔵で2日ほど保ちますが、余った分を製氷皿で凍らせておくと、ドレッシングや和え衣などで少量使いたいときに便利ですよ。

水につけておくだけの水出し出汁でもOK

手間をかけて煮出した出汁は格別な味わいですが、水出しも便利なので私はよく使います。取り方は簡単で、まず保存容器に2カップの水を入れます。煮干しなら5尾程度を頭を取って半分に裂いて腹ワタを取り、頭と身を加えましょう。昆布なら5cm四方1枚を、容器に入るサイズにカットして加えてください。冷蔵庫で一晩おけば、翌朝には立派な出汁の完成。冷蔵で2〜3日保存できます。煮干し出汁はみそ汁に、昆布出汁はその他の汁物や煮物などに使うのがオススメ。ブレンドしても相乗効果でおいしさが増します。スッキリとした味わいなので、他の食材と合わせて加熱する使い方が基本です。

昆布は5cm四方程度にカットして保存容器に入れておくと、使うときに便利です。

その5

副菜・汁物

さっと作れる副菜・汁物が

ズラリ勢ぞろい。

これまで紹介した主菜・ご飯・麺と

相性抜群なメニューばかりなので、

いろいろな組み合わせを自由に試して

お気に入りを見つけてください。

> 甘辛みそ

ピーマンのごまみそ炒め

じゃことごまの風味でピーマンが
やさしい苦みに。

材料 2人分

ピーマン	4個
ちりめんじゃこ	大さじ2
黒すりごま、ごま油	各大さじ1
甘辛みそだれ	**大さじ1**

合わせだれがなかったら

酒、みそ …… 各大さじ1/2
砂糖、みりん …… 各小さじ1/3

作り方

1. ピーマンは種とワタを取り、縦に細切りにする。
2. フライパンに油、ちりめんじゃこを中火で熱する。ピーマンを加えてさっと炒め、ごま、甘辛みそだれを加えて炒め合わせる。

材料 2人分

白菜	200g
ちくわ	2本
梅干し	1個
砂糖	大さじ1
豆乳マヨだれ	**大さじ2**

合わせだれがなかったら

マヨネーズ …… 大さじ2

作り方

1. 白菜は縦5cm幅に切って、さらに横7mm幅に切り、砂糖をふって5分おく。ちくわは薄い輪切りにする。梅干しは種を取って包丁で刻む。
2. 白菜の水気をしっかり絞ってボウルに入れ、ちくわ、梅干し、豆乳マヨだれを加えてさっと和える。

> 豆乳マヨ

白菜とちくわの梅マヨ和え

濃厚マヨと爽やかな梅は好相性。
ちくわのおかげでうまみたっぷりです。

副菜

| 豆乳マヨ | ## かぼちゃとナッツのサラダ |

かぼちゃが硬い場合は、
30秒ずつレンジで追加加熱して。

材料 2人分

かぼちゃ	200g
ミックスナッツ (無塩)	大さじ3
粗挽き黒こしょう	少々
豆乳マヨだれ	**大さじ3**

合わせだれがなかったら

マヨネーズ …… 大さじ3

作り方

1. かぼちゃは種とワタを取って1cm厚さに切り、さらに3等分に切る。ナッツは粗く刻む。
2. かぼちゃを耐熱ボウルに入れてふんわりラップをかけ、レンジで3分加熱して粗く潰す。粗熱がとれたらナッツ、豆乳マヨだれを加えて和え、器に盛ってこしょうをふる。

材料 2人分

なす	2本
オクラ	6本
A 削り節 (4g入り)	1パック
A しょうが (せん切り)	1かけ分
A 塩	ひとつまみ
A 水	1/4カップ
甘辛しょうゆだれ	**大さじ2**
米油	適量

合わせだれがなかったら

酒、しょうゆ …… 各大さじ1
砂糖、みりん …… 各小さじ1

作り方

1. なすはヘタを落として、2cm厚さの輪切りにする。オクラはガクの周りを削る。Aは混ぜ合わせる。
2. フライパンに油大さじ1を中火で熱する。なすを並べ入れ、ときどき返しながら3〜4分焼く。油大さじ1/2、オクラを加えて2分焼く。Aを加え、ひと煮立ちしたら火を止めて10分ほどおく。

| 甘辛しょうゆ | ## なすとオクラの焼き浸し |

煮汁を吸った染み染みなすがたまりません。
丸ごとオクラで食べ応え充分。

オイスターしょうゆ

キャベツと卵のオイスターだれ炒め

たっぷりの野菜に卵もプラスした、
栄養満点な炒め物です。

材料 2人分

キャベツの葉	2枚
卵	1個
いんげん	8本
ごま油	大さじ1
オイスターしょうゆだれ	**小さじ2**

合わせだれがなかったら

オイスターソース、酒、しょうゆ …… 各小さじ2/3

作り方

1. キャベツは一口大に切る。いんげんは筋を取り、3等分に切る。卵は割りほぐす。
2. フライパンに油を中火で熱する。キャベツ、いんげんを入れて1〜2分炒める。オイスターしょうゆだれを加えて炒め合わせ、溶き卵を加えてひと混ぜする。

白身魚と紫玉ねぎのマスタード和え

香味野菜とマスタードの辛みがアクセント。
あじやいわしでもおいしく作れます。

材料 2人分

白身魚の刺身（好みのもの）	100g
紫玉ねぎ	1/4個
長ねぎ	1/4本
塩、粗挽き黒こしょう	各少々
A [粒マスタード	小さじ1
塩	少々
オリーブ油]	大さじ1

作り方

1. 刺身は細切りにして、塩をふってさっと混ぜる。紫玉ねぎは薄切り、長ねぎは白髪ねぎにして水にさっとさらし、水気をしっかりきる。
2. 1をボウルに入れる。Aを加えてさっと和え、器に盛ってこしょうをふる。

| うま塩昆布 | **れんこんのバルサミコグリル**

縦に切ってじっくり焼き付けると、むっちり食感に。お酒のお供にも◎

材料 2人分

れんこん	1節（約200g）
バルサミコ酢	大さじ1/2
粗挽き黒こしょう	少々
オリーブ油	大さじ1
うま塩昆布だれ	**大さじ1と1/2**

合わせだれがなかったら

酒 …… 大さじ1と1/2
塩 …… 小さじ1/3
砂糖 …… ふたつまみ

作り方

1. れんこんは皮ごと縦に1.5cm角の棒状に切る。
2. フライパンに油を中火で熱する。れんこんを入れ、ときどき返しながら6分ほど香ばしく焼き付ける。うま塩昆布だれを加えてさっと炒め合わせ、バルサミコ酢を回しかける。器に盛って、こしょうをふる。

にんじんとパプリカのケチャップ炒め

オイスターしょうゆ

ケチャップのうまみ&酸味で野菜の甘さが際立つ一皿。

材料 2人分

にんじん	1/2本
赤パプリカ	1/2個
トマトケチャップ	小さじ2
オリーブ油	大さじ1/2
オイスターしょうゆだれ	**大さじ1/2**

合わせだれがなかったら

オイスターソース、酒、しょうゆ …… 各小さじ1/2

作り方

1. にんじんは皮をむいて縦に細切りにする。パプリカは種とワタを取り、縦に細切りにする。
2. フライパンに油を中火で熱する。にんじん、パプリカを順に入れてさっと炒め、ケチャップ、オイスターしょうゆだれを加えて炒め合わせる。

大根のみそマヨ炒め

> 甘辛みそ

さっぱりした大根には、甘辛く濃厚な
みそマヨがよく合います。

材料 2人分

大根	200g
万能ねぎ	3本
A [マヨネーズ	大さじ1
[**甘辛みそだれ**	**大さじ1**
米油	大さじ1

合わせだれがなかったら

みそ、酒 …… 各大さじ1/2
砂糖、みりん …… 各小さじ1/3

作り方

1. 大根は皮ごと2mm厚さのいちょう切りにする。万能ねぎは2cm長さに切る。Aは混ぜ合わせる。

2. フライパンに油を強火で熱する。大根を広げ入れ、2分ほど焼き付ける。万能ねぎ、Aを加えて炒め合わせる。

青梗菜のうま塩オイル茹で

> うま塩昆布

焼き付けた後に一瞬茹でるのが、
食感も彩りも良く仕上げるコツ。

材料 2人分

青梗菜	2株
にんにく	1かけ
A [湯	1/2カップ
[米油	大さじ1
[**うま塩昆布だれ**	**大さじ2**
米油	大さじ1

合わせだれがなかったら

酒 …… 大さじ2
塩 …… 小さじ1/2
砂糖 …… ふたつまみ

作り方

1. 青梗菜は葉と茎に切り分け、茎は縦6等分に切る。にんにくはみじん切りにする。ボウルにAを混ぜ合わせる。

2. フライパンに油、にんにくを中火で熱する。香りがたったら青梗菜の茎を並べ入れる。1分ほど焼き付け、裏返して葉をのせて1分焼いてAを回し入れる。30秒ほど茹でて、ざるにあげて水気をきる。

[しょうゆ昆布] もやしとさつま揚げのカレー煮

さつま揚げのうまみを生かした出汁のいらないお手軽煮物。

材料 2人分

もやし	1/2袋（約100g）
さつま揚げ	2枚（約100g）
万能ねぎ	1本
A ┌ カレー粉	小さじ1/2
├ 水	1カップ
└ **しょうゆ昆布だれ**	**大さじ1と1/2**

合わせだれがなかったら

酒、しょうゆ …… 各大さじ3/4
みりん …… 小さじ3/4
砂糖 …… ふたつまみ

作り方

1. さつま揚げは5mm厚さの薄切りにする。万能ねぎは斜め切りにする。
2. 小鍋にさつま揚げ、Aを中火で熱する。煮立ったらもやしを加えて3分煮る。器に盛って、万能ねぎをのせる。

[ごま酢しょうゆ] えのきのコチュジャン和え

ピリ辛のたれがクセになる、ご飯にもお酒にも合う小鉢です。

材料 2人分

えのき	大1パック（約150g）
長ねぎ	1/3本
A ┌ コチュジャン、ごま油	各小さじ1/2
└ **ごま酢しょうゆだれ**	**小さじ2**

合わせだれがなかったら

しょうゆ、白すりごま、酢 …… 各小さじ2/3
みりん …… 小さじ1/4

作り方

1. えのきは根元を落として長さを半分に切り、耐熱ボウルに入れる。ふんわりラップをかけ、レンジで2分加熱する。長ねぎは縦半分に切って、斜め薄切りにする。
2. 1のえのきが熱いうちに長ねぎを加え、Aを加えて和える。

ミックスビーンズとアボカドのごま酢サラダ

[ごま酢しょうゆ]

手間いらずなのにおいしさ満点の、和洋折衷サラダ。

材料 2人分

- ミックスビーンズ(50g入り) ········ 1パック
- アボカド ········ 1個
- オリーブ油 ········ 小さじ2
- **ごま酢しょうゆだれ** ········ **大さじ1**

合わせだれがなかったら

- しょうゆ、白すりごま、酢 ······ 各小さじ1
- みりん ······ 小さじ1/3

作り方

アボカドは種と皮を取り、1.5cm角に切る。ボウルにすべての材料を入れ、さっと和える。

たことパプリカのピリ辛炒め

[うま塩昆布]

たこは縮んで硬くならないよう、さっと炒める程度に。

材料 2人分

- 茹でだこ(刺身用) ········ 100g
- 黄パプリカ ········ 1/2個
- にんにく ········ 1かけ
- 一味唐辛子 ········ 少々
- オリーブ油 ········ 大さじ1
- **うま塩昆布だれ** ········ **大さじ1**

合わせだれがなかったら

- 酒 ······ 大さじ1
- 塩 ······ 小さじ1/4
- 砂糖 ······ ひとつまみ

作り方

1. たこ、パプリカは一口大に切る。にんにくは薄切りにする。
2. フライパンに油、にんにくを中火で熱する。香りがたったら、パプリカを加えて1分焼き付ける。たこ、うま塩昆布だれを加え、さっと炒め合わせる。器に盛って、一味唐辛子をふる。

長芋のうま塩こんがり焼き

うま塩昆布

外はカリッと中はホクホク。
よーく焼き付けるのがおいしさの秘訣。

材料 2人分

長芋	200g
長ねぎ	1/4本
ごま油	大さじ1
うま塩昆布だれ	**大さじ1と1/2**

合わせだれがなかったら

酒 …… 大さじ1と1/2
塩 …… 小さじ1/3
砂糖 …… ふたつまみ

作り方

1. 長芋は皮付きのまま1cm厚さの輪切りにする。長ねぎは粗いみじん切りにする。
2. フライパンに油を中火で熱する。長芋を並べ入れ、ときどき返しながら6分ほど香ばしく焼く。長ねぎ、うま塩昆布だれを加えてさっと炒め合わせる。

白菜のエスニックレモンサラダ

ナンプラー唐辛子

塩揉みの白菜は、多めに作っておくと
和え物などに使えて便利。

材料 2人分

白菜	200g
レモンスライス	2枚
塩	少々
オリーブ油	大さじ1
ナンプラー唐辛子だれ	**小さじ1**

合わせだれがなかったら

ナンプラー …… 小さじ2/3

作り方

1. 白菜は繊維に対して垂直に薄切りにし、塩をふって5分おく。レモンスライスは粗く刻む。
2. 白菜の水気を絞ってボウルに入れ、レモン、油、ナンプラー唐辛子だれを加えて、さっと和える。

副菜

キャベツとホタテの海苔マヨ和え

豆乳マヨ

ホタテのうまみがシャキシャキの
キャベツにからんで、非常に美味。

材料 2人分

キャベツの葉	3枚
ホタテ水煮缶（70g入り）	1/2缶
焼き海苔（全形）	1枚
塩	少々
豆乳マヨだれ	**大さじ2**

合わせだれがなかったら
マヨネーズ …… 大さじ2

作り方

1. キャベツは1cm幅に切り、塩をふって5分おき、水気を絞る。海苔は細かくちぎる。
2. キャベツをボウルに入れ、ホタテと缶汁、海苔、豆乳マヨだれを加えてさっと和える。

エリンギと大豆のきんぴら

甘辛しょうゆ

甘辛く炒めた和のおかず。
少し加える七味がアクセントになります。

材料 2人分

エリンギ	1パック（約100g）
大豆水煮（50g入り）	1パック
七味唐辛子	少々
ごま油	大さじ1
甘辛しょうゆだれ	**大さじ1**

合わせだれがなかったら
酒、しょうゆ …… 各大さじ1/2
砂糖、みりん …… 各小さじ1/2

作り方

1. エリンギは長さを半分に切って、縦に5mm厚さに切る。
2. フライパンに油を中火で熱する。エリンギを入れて2分焼き付け、大豆を加えて30秒ほど炒める。七味唐辛子、甘辛しょうゆだれを加え、さっと炒め合わせる。

大根と豆苗のザーサイ和え

ごま&ごま油の重ね使いで風味豊かに。
ザーサイが味の決め手です。

材料 2人分

大根	120g
豆苗	1/4パック（約80g）
ザーサイ	20g
白いりごま	大さじ1
塩	少々
ごま油	大さじ1

作り方

1. 大根、ザーサイは細切り、豆苗は根元を落として3cm長さに切って耐熱ボウルに入れ、ごまを加えてさっと和える。
2. 小鍋に油を入れ、中火で薄煙があがるまで加熱し、1に回しかける。塩をふり、さっと和える。

じゃがいもの山椒みそ炒め

甘辛みそ

マイルドなみそ味の後に、山椒の
しびれる辛さがやってくる大人の一品。

材料 2人分

じゃがいも	2個
粉山椒	小さじ1/2
ごま油	大さじ1
甘辛みそだれ	**大さじ1**

合わせだれがなかったら
酒、みそ …… 各大さじ1/2
砂糖、みりん …… 各小さじ1/3

作り方

1. じゃがいもは皮をむいて縦に7mm角の棒状に切り、水にさっとくぐらせて水気をきる。
2. フライパンに油を中火で熱する。じゃがいもを入れ、5分ほど焼き付けながら炒める。山椒、甘辛みそだれを加えて炒める。

なすと油揚げのみそ汁

ほっと落ち着く和の一杯です。
とろけるなすはクセになるおいしさ。

材料 2人分

なす	1本
油揚げ	1枚
万能ねぎ	1本
みそ	大さじ1
出汁	1と1/2カップ

作り方

1. なすは5mm厚さの半月切りにして水にさらす。油揚げは横半分に切り、1cm幅に切る。万能ねぎは小口切りにする。

2. 小鍋に出汁を煮立て、なす、油揚げを加えて5分煮る。火を止めてみそを溶き入れ、椀によそって万能ねぎを散らす。

豆腐とキムチのおかずスープ

しょうゆ昆布

余ったお肉は少量でも保存しておけば、汁物・副菜などに使えて便利です。

材料 2人分

絹ごし豆腐	1/2丁(約150g)
白菜キムチ	50g
豚こま切れ肉	50g
豆もやし	1/4袋(約50g)
コチュジャン	小さじ1
水	1と1/2カップ
ごま油	大さじ1/2
しょうゆ昆布だれ	**大さじ1**

合わせだれがなかったら

酒、しょうゆ …… 各大さじ1/2
みりん …… 小さじ1/2
砂糖 …… ひとつまみ

作り方

1. 豆腐は大きめの一口大に割る。

2. 鍋を中火で熱し、油を入れる。豚肉を入れ、色が変わったらキムチを加えてさっと炒める。豆もやし、コチュジャン、水、しょうゆ昆布だれを加える。煮立ったら豆腐を加え、5分煮る。

汁物

水菜とはんぺんの和風スープ

しょうゆ昆布

はんぺんのやさしい味わいを
しょうがでキリッと引き締めます。

材料 2人分

水菜	1/4束
はんぺん	1/2枚
しょうが（せん切り）	1/2かけ分
水	1と1/2カップ
しょうゆ昆布だれ	**大さじ1と1/2**

合わせだれがなかったら

酒、しょうゆ …… 各大さじ3/4
みりん …… 小さじ3/4
砂糖 …… ふたつまみ

作り方

1. 水菜は3cm長さに切る。はんぺんは1cm角に切る。
2. 小鍋にはんぺん、しょうがの半量、水、しょうゆ昆布だれを中火で熱する。煮立ったら、水菜を加えてさっと煮る。椀によそって、残りのしょうがをのせる。

トマトともやしのピリ辛スープ

オイスターしょうゆ

具だくさんで食べ応え充分な、
うまみ溢れる中華風汁物。

材料 2人分

トマト	1個
もやし	1/3袋（約70g）
豚ひき肉	50g
にんにく（みじん切り）	1/2かけ分
豆板醤	小さじ1/3
水	1と1/2カップ
ごま油	小さじ1
オイスターしょうゆだれ	**大さじ1と1/2**

合わせだれがなかったら

オイスターソース、酒、しょうゆ …… 各大さじ1/2

作り方

1. トマトはヘタを取り、1.5cm角に切る。
2. 鍋を中火で熱し、油を入れる。ひき肉を入れて香ばしく炒め、にんにく、豆板醤、オイスターしょうゆだれ、トマトを順に加えて炒める。水を加え、煮立ったらもやしを加えて3分煮る。

オクラと干しえびのスープ

（ナンプラー唐辛子）

キノコと干しえびから
おいしさがたっぷり染み出します。

材料 2人分

オクラ	4本
干しえび	大さじ1（約10g）
しめじ	1/2パック（約50g）
パクチー	少々
カットレモン	適量
水	2カップ
ナンプラー唐辛子だれ	**小さじ2**

合わせだれがなかったら

ナンプラー …… 小さじ1と1/3

作り方

1. オクラはガクの周りを削り、2cm長さに切る。干しえびは粗く刻む。しめじは石づきを落として小房に分け、長さを半分に切る。パクチーはざく切りにする。

2. 鍋に干しえび、水、ナンプラー唐辛子だれを中火で熱する。煮立ったら、しめじを加えて5分煮る。オクラを加えてひと煮立ちさせる。椀によそい、パクチー、レモンをのせる。

ごぼうと鶏肉の和風スープ

（甘辛しょうゆ）

和おかずと相性抜群の甘辛汁物。
爽やかなねぎがアクセントになります。

材料 2人分

ごぼう	1/4本（約40g）
鶏もも肉	60g
しいたけ	2個
長ねぎ	1/4本
水	2カップ
甘辛しょうゆだれ	**大さじ2**

合わせだれがなかったら

酒、しょうゆ …… 各大さじ1
砂糖、みりん …… 各小さじ1

作り方

1. ごぼうはささがきにして、水（分量外）にさっとくぐらせる。鶏肉は2cm角に切る。しいたけは薄切りにする。長ねぎは小口切りにする。

2. 鍋にごぼう、しいたけ、水、甘辛しょうゆだれを中火で熱する。煮立ったら鶏肉を加え、5分煮る。椀によそって、長ねぎをのせる。

汁物

｜うま塩昆布｜ かぼちゃのカレースープ

かぼちゃの甘みが存分に楽しめる、子どもにも人気のスープ。

｜うま塩昆布｜ 大根の梅昆布スープ

梅の酸味とごま油のコク深さが互いを引き立てあって、非常に美味。

材料 2人分

かぼちゃ	150g
玉ねぎ	1/2個
バター	10g
カレー粉	小さじ1
しょうゆ	小さじ1/2
水	1と1/2カップ
うま塩昆布だれ	**大さじ1と1/2**

合わせだれがなかったら

酒 …… 大さじ1と1/2
塩 …… 小さじ1/3
砂糖 …… ふたつまみ

作り方

1. かぼちゃは種とワタを取り、1cm角に切る。玉ねぎは薄切りにする。

2. 鍋を中火で熱し、バターを入れる。玉ねぎを入れて5分ほど炒め、かぼちゃ、カレー粉、しょうゆ、うま塩昆布だれを加えてさっと炒める。水を加えて7分煮る。

材料 2人分

大根	100g
梅干し	1個
豆苗	1/2パック
水	1と1/2カップ
ごま油	少々
うま塩昆布だれ	**大さじ1/2**

合わせだれがなかったら

酒 …… 大さじ1/2
砂糖、塩 …… 各ひとつまみ

作り方

1. 大根は細切りにする。梅干しは種を取ってちぎる。豆苗は根元を落として3cm長さに切る。

2. 鍋に大根、梅干し、水、うま塩昆布だれを中火で熱する。煮たったら5分ほど煮て、豆苗を加えてひと煮立ちさせる。椀によそって、油を回し入れる。

ほうれん草と豆腐のスープ

（うま塩昆布）

ほうれん草はとろりとしたスープと好相性。
ベーコンでうまみたっぷりに仕上げます。

材料 2人分

ほうれん草	1/4束（約50g）
絹ごし豆腐	1/2丁（約150g）
ベーコン	2枚
A[水	大さじ1
片栗粉	大さじ1/2
粗挽き黒こしょう、塩	各少々
水	1と1/2カップ
ごま油	小さじ1
うま塩昆布だれ	**大さじ1と1/2**

合わせだれがなかったら

酒 …… 大さじ1と1/2　塩 …… 小さじ1/3　砂糖 …… ふたつまみ

作り方

1. ほうれん草は粗く刻む。豆腐は1cm角に切る。ベーコンは細切りにする。Aは小さめの容器に溶く。

2. 鍋を中火で熱し、油を入れる。ベーコンを入れて1分炒め、うま塩昆布だれを回し入れる。ほうれん草、水を加える。煮立ったらアクをすくって豆腐を加え、3分煮る。Aをもう一度混ぜて回し入れ、とろみがつくまでひと煮立ちさせる。塩を加えて混ぜ、椀によそってこしょうをふる。

かぶとホタテのポタージュ

（うま塩昆布）

ホタテのうまみがミルキーなスープと相まって
甘くやさしい味わいに。

材料 2人分

かぶ	2個（約160g）
ホタテ水煮缶（70g入り）	1/2缶
粗挽き黒こしょう	少々
水	1カップ
牛乳	1/2カップ
うま塩昆布だれ	**大さじ1**

合わせだれがなかったら

酒 …… 大さじ1
塩 …… 小さじ1/4
砂糖 …… ひとつまみ

作り方

1. かぶは皮をむいて1cm角に切る。

2. 鍋にかぶ、水、うま塩昆布だれを入れ、ホタテを缶汁ごと加えて、中火で熱する。かぶが柔らかくなるまで7分煮て軽く潰し、牛乳を加えてひと煮立ちさせる。椀によそって、こしょうをふる。

きくらげのかき玉スープ

ごま酢しょうゆ

卵と2種のキノコを使った
サンラータン風の一杯です。

材料 2人分

乾燥きくらげ	5g
卵	1個
えのき	大1/2パック(約70g)
ラー油、こしょう	各少々
出汁	2カップ
ごま酢しょうゆだれ	**大さじ2**

合わせだれがなかったら

しょうゆ、白すりごま、酢 …… 各小さじ2
みりん …… 小さじ2/3

作り方

1. きくらげは水で戻して細切りにする。卵は割りほぐす。えのきは根元を落として3cm長さに切る。

2. 鍋にきくらげ、えのき、出汁を中火で熱し、煮立ったら2分煮る。ごま酢しょうゆだれを加えてさっと混ぜ、溶き卵を加えてひと煮立ちさせる。椀によそい、ラー油を回し入れてこしょうをふる。

ズッキーニと厚揚げのみそ汁

ジューシーな厚揚げがおいしさの決め手の、
ボリューム満点なおみそ汁。

材料 2人分

ズッキーニ	1/3本(約70g)
厚揚げ	1/2丁(約100g)
ブロッコリースプラウト	1/2パック(約25g)
みそ	大さじ1
出汁	1と1/2カップ

作り方

1. ズッキーニは5mm厚さの半月切りにする。厚揚げは横半分に切って、5mm厚さに切る。ブロッコリースプラウトは根元を落とす。

2. 鍋にズッキーニ、厚揚げ、出汁を中火で熱し、煮立ったら5分煮る。火を止めてみそを溶き入れ、椀によそってブロッコリースプラウトをのせる。

食材 & たれ別さくいん

〈それぞれのメニューにつく印について〉
○は主菜、□は副菜、△は汁物、☆は主食、◎はつけ合わせを表しています。

食材別

【肉】

牛肉
○ 牛肉のレモンマリネソテー ・・・・・・・・・・・・・・・16
○ にんにく風味の牛肉のタリアータ ・・・・・・・20
○ きゅうりと牛肉のコチュジャンしそ炒め ・・・・・・58

豚肉
○ 豚のみそ風味しょうが焼き ・・・・・・・・・・・・・・・12
○ みそだれトンカツ ・・・・・・・・・・・・・・・・・・・・・・22
○ 和風トマトソースのポークソテー ・・・・・・・・28
○ アスパラ肉巻きのチーズパン粉焼き ・・・・・・62
○ 白菜と豚肉の塩レモン蒸し ・・・・・・・・・・・・・・70
○ 半玉レタスと豚肉のオイスター炒め ・・・・・・74
☆ 豚玉どんぶり ・・・・・・・・・・・・・・・・・・・・・・・・・80
☆ 豚バラとパクチーのチャーハン ・・・・・・・・・・84
☆ 豆苗と豚肉の辛みそ焼きそば ・・・・・・・・・・・・89

鶏肉
○ 鶏のから揚げ ・・・・・・・・・・・・・・・・・・・・・・・・・14
○ 鶏の照り焼き ・・・・・・・・・・・・・・・・・・・・・・・・・18
○ レンジ蒸し鶏のナンプラーソースがけ ・・・・26
○ 手羽先の塩麹バター煮 ・・・・・・・・・・・・・・・・・・30
○ トマトと鶏肉のスパイス煮 ・・・・・・・・・・・・・・66
○ かぶとキャベツのうま煮 ・・・・・・・・・・・・・・・・72
△ ごぼうと鶏肉の和風スープ ・・・・・・・・・・・・・104

ひき肉
○ 肉団子の黒酢あんかけ ・・・・・・・・・・・・・・・・・・24
□ ひき肉と卵の甘辛炒め ・・・・・・・・・・・・・・・・・・64
☆ 和風キーマカレー ・・・・・・・・・・・・・・・・・・・・・82
☆ ねぎしょうゆのコクうま焼きそば ・・・・・・・・86

【魚介】

いか、えび、たこ
○ えびのピリ辛オイスターソース炒め ・・・・・・42
○ 菜の花といかのナンプラー炒め ・・・・・・・・・・64
□ たことパプリカのピリ辛炒め ・・・・・・・・・・・・98

かつお
◎ 昆布とかつおの山椒煮 ・・・・・・・・・・・・・・26、78
○ かつおステーキのごま酢ソースがけ ・・・・・・50

かれい
○ かれいの煮付け ・・・・・・・・・・・・・・・・・・・・・・・48

鮭、サーモン
○ 鮭の南蛮漬け ・・・・・・・・・・・・・・・・・・・・・・・・・38
○ 鮭のごまみそ焼き ・・・・・・・・・・・・・・・・・・・・・46
☆ ごまねぎ風味のサーモンどんぶり ・・・・・・・・83

さば
○ さばのトマト蒸し ・・・・・・・・・・・・・・・・・・・・・36
○ 梅風味のさばみそ煮 ・・・・・・・・・・・・・・・・・・・52

鯛、白身魚
○ 真鯛とセロリの昆布締め ・・・・・・・・・・・・・・・・40
□ 白身魚と紫玉ねぎのマスタード和え ・・・・・・94

ぶり
○ ぶりの照り焼き ・・・・・・・・・・・・・・・・・・・・・・・34

まぐろ
□ まぐろとトロロの冷や奴 ・・・・・・・・・・・・・・・・60

めかじき
○ めかじきのカレーソテー ・・・・・・・・・・・・・・・・44

【野菜】

アスパラガス、カリフラワー
□ 洋野菜のホットマヨサラダ ・・・・・・・・・・・・・・44
○ アスパラ肉巻きのチーズパン粉焼き ・・・・・・62

アボカド
□ アボカドのエスニックサラダ ・・・・・・・・・・・・50
☆ アボカド明太サラダうどん ・・・・・・・・・・・・・・88
□ ミックスビーンズとアボカドのごま酢サラダ ・・98

オクラ
□ なすとオクラの焼き浸し ・・・・・・・・・・・・・・・・93
△ オクラと干しえびのスープ ・・・・・・・・・・・・・104

かぶ
□ かぶとオレンジの柚子こしょう和え ・・・・・・・30
◎ かぶとセロリの浅漬け ・・・・・・・・・・・・・46、78
○ かぶとキャベツのうま煮 ・・・・・・・・・・・・・・・・72
◎ かぶの葉のアンチョビ和え ・・・・・・・・・・・・・・77
△ かぶとホタテのポタージュ ・・・・・・・・・・・・・106

かぼちゃ
□ かぼちゃの甘辛煮 ・・・・・・・・・・・・・・・・・・・・・62
□ かぼちゃとナッツのサラダ ・・・・・・・・・・・・・・93
△ かぼちゃのカレースープ ・・・・・・・・・・・・・・・105

キャベツ、紫キャベツ
◎ 紫キャベツの酢漬け ・・・・・・・・・・・・・・・20、77
□ レモン入りコールスローサラダ ・・・・・・・・・・28
□ キャベツとひじきのさっと炒め ・・・・・・・・・・48
○ かぶとキャベツのうま煮 ・・・・・・・・・・・・・・・・72
□ キャベツと卵のオイスターだれ炒め ・・・・・・94
□ キャベツとホタテの海苔マヨ和え ・・・・・・・100

きゅうり
- □ きゅうりのごま酢和え ・・・・・・・・・・・・・・18
- ○ きゅうりと牛肉のコチュジャンしそ炒め ・・・・・58
- ◎ きゅうりと香味野菜の刻み漬け ・・・・・・・・・77

クレソン、小松菜、ほうれん草
- △ 焼きキノコとクレソンのうま塩スープ ・・・・・・・14
- □ 小松菜とちくわの煮浸し ・・・・・・・・・・・・22
- □ ほうれん草とパプリカのガーリック炒め ・・・・・26
- △ ほうれん草と豆腐のスープ ・・・・・・・・・・106

ごぼう
- △ ごぼうと鶏肉の和風スープ ・・・・・・・・・・104

サラダ菜、春菊
- □ サラダ菜とハムのサラダ ・・・・・・・・・・・・36
- □ 春菊とパクチーのサラダ ・・・・・・・・・・・・68

じゃがいも
- □ じゃがいもの黒酢炒め ・・・・・・・・・・・・・42
- ○ じゃがいもとベーコンのクリーム煮 ・・・・・・・56
- □ じゃがいもの柚子こしょうマヨ和え ・・・・・・・74
- □ じゃがいもの山椒みそ炒め ・・・・・・・・・・101

ズッキーニ、セロリ
- ◎ かぶとセロリの浅漬け ・・・・・・・・・・46、78
- □ ズッキーニのマスタードマヨサラダ ・・・・・・・66
- ☆ セロリとハムのピラフ ・・・・・・・・・・・・・81
- △ ズッキーニと厚揚げのみそ汁 ・・・・・・・・・107

大根
- □ 大根の青じそたっぷり塩揉みサラダ ・・・・・・・24
- ◎ 大根の大葉しょうゆ漬け ・・・・・・・・・・・・76
- □ 大根のみそマヨ炒め ・・・・・・・・・・・・・・96
- □ 大根と豆苗のザーサイ和え ・・・・・・・・・・101
- △ 大根の梅昆布スープ ・・・・・・・・・・・・・105

青梗菜、菜の花
- ○ 菜の花といかのナンプラー炒め ・・・・・・・・・64
- □ 青梗菜のうま塩オイル茹で ・・・・・・・・・・・96

豆苗
- ☆ 豆苗と豚肉の辛みそ焼きそば ・・・・・・・・・・89
- □ 大根と豆苗のザーサイ和え ・・・・・・・・・・101

トマト
- □ トマトのクリーミーカレーサラダ ・・・・・・・・16
- ○ トマトと鶏肉のスパイス煮 ・・・・・・・・・・・66
- □ カリカリじゃことトマトのサラダ ・・・・・・・・70
- △ トマトともやしのピリ辛スープ ・・・・・・・・103

長芋
- □ たたき長芋の梅和え ・・・・・・・・・・・・・・12
- ◎ 長芋のみそ漬け ・・・・・・・・・・・・・24、78
- □ まぐろとトロロの冷や奴 ・・・・・・・・・・・・60
- □ 長芋のうま塩こんがり焼き ・・・・・・・・・・・99

なす
- □ ねぎごまレンジ蒸しなす ・・・・・・・・・・・・52
- □ なすとオクラの焼き浸し ・・・・・・・・・・・・93
- △ なすと油揚げのみそ汁 ・・・・・・・・・・・・102

ニラ、ねぎ、パクチー
- ○ ニラたっぷり麻婆豆腐 ・・・・・・・・・・・・・68
- ☆ 豚バラとパクチーのチャーハン ・・・・・・・・・84
- ☆ ニラ玉焼きうどん ・・・・・・・・・・・・・・・85
- ☆ ねぎしょうゆのコクうま焼きそば ・・・・・・・・86

にんじん
- □ にんじんとしめじの明太バター和え ・・・・・・・72
- □ にんじんとパプリカのケチャップ炒め ・・・・・・95

白菜
- ◎ 白菜の中華風漬け物 ・・・・・・・・・・・58、77
- ○ 白菜と豚肉の塩レモン蒸し ・・・・・・・・・・・70
- □ 白菜とちくわの梅マヨ和え ・・・・・・・・・・・92
- □ 白菜のエスニックレモンサラダ ・・・・・・・・・99

パプリカ（赤・黄）、ピーマン
- □ ほうれん草とパプリカのガーリック炒め ・・・・・26
- △ パプリカとかまぼこのスープ ・・・・・・・・・・58
- □ ピーマンのごまみそ炒め ・・・・・・・・・・・・92
- □ にんじんとパプリカのケチャップ炒め ・・・・・・95
- □ たことパプリカのピリ辛炒め ・・・・・・・・・・98

水菜
- △ 水菜と油揚げの塩麹スープ ・・・・・・・・・・・46
- △ 水菜とはんぺんの和風スープ ・・・・・・・・・103

紫玉ねぎ
- □ 白身魚と紫玉ねぎのマスタード和え ・・・・・・・94

もやし
- □ もやしとさつま揚げのカレー煮 ・・・・・・・・・97
- △ トマトともやしのピリ辛スープ ・・・・・・・・103

レタス
- △ レタスとベーコンのみそ汁 ・・・・・・・・・・・34
- □ アンチョビのグリーンサラダ ・・・・・・・・・・56
- ○ 半玉レタスと豚肉のオイスター炒め ・・・・・・・74

れんこん
- □ れんこんの山椒きんぴら ・・・・・・・・・・・・38
- □ れんこんのバルサミコグリル ・・・・・・・・・・95

キノコ類
- △ 焼きキノコとクレソンのうま塩スープ ・・・・・・14
- □ マッシュルームのオープンオムレツ ・・・・・・・20
- ◎ キノコの炒め煮 ・・・・・・・・・・・・・40、76
- ○ まいたけと桜えびのかき揚げ ・・・・・・・・・・60
- □ にんじんとしめじの明太バター和え ・・・・・・・72
- □ えのきのコチュジャン和え ・・・・・・・・・・・97
- □ エリンギと大豆のきんぴら ・・・・・・・・・・100
- △ きくらげのかき玉スープ ・・・・・・・・・・・107

【卵】

- □ マッシュルームのオープンオムレツ ……… 20
- ◎ 味付け卵 ……………………………… 50、76
- □ ひき肉と卵の甘辛炒め ………………………… 64
- ☆ 豚玉どんぶり ………………………………… 80
- ☆ ニラ玉焼きうどん …………………………… 85
- □ キャベツと卵のオイスターだれ炒め ……… 94
- △ きくらげのかき玉スープ …………………… 107

【豆類、豆製品、ナッツ類】

厚揚げ、油揚げ

- □ 厚揚げのナンプラー和え …………………… 40
- △ 水菜と油揚げの塩麹スープ ………………… 46
- △ なすと油揚げのみそ汁 ……………………… 102
- △ ズッキーニと厚揚げのみそ汁 ……………… 107

豆腐

- □ まぐろとトロロの冷や奴 …………………… 60
- ○ ニラたっぷり麻婆豆腐 ……………………… 68
- △ 豆腐とキムチのおかずスープ ……………… 102
- △ ほうれん草と豆腐のスープ ………………… 106

ナッツ類、豆類

- □ かぼちゃとナッツのサラダ ………………… 93
- □ ミックスビーンズとアボカドのごま酢サラダ ‥ 98
- □ エリンギと大豆のきんぴら ………………… 100

【その他】

キムチ、昆布、ひじき

- ◎ 昆布とかつおの山椒煮 ………………… 26、78
- □ キャベツとひじきのさっと炒め …………… 48
- △ 豆腐とキムチのおかずスープ ……………… 102

果物

- □ かぶとオレンジの柚子こしょう和え ……… 30

ツナ缶、ホタテ缶

- ☆ ツナとレモンの香味パスタ ………………… 87
- □ キャベツとホタテの海苔マヨ和え ………… 100
- △ かぶとホタテのポタージュ ………………… 106

練りもの

- □ 小松菜とちくわの煮浸し …………………… 22
- △ パプリカとかまぼこのスープ ……………… 58
- □ 白菜とちくわの梅マヨ和え ………………… 92
- □ もやしとさつま揚げのカレー煮 …………… 97
- △ 水菜とはんぺんの和風スープ ……………… 103

ハム、ベーコン

- △ レタスとベーコンのみそ汁 ………………… 34
- □ サラダ菜とハムのサラダ …………………… 36
- ○ じゃがいもとベーコンのクリーム煮 ……… 56
- ☆ セロリとハムのピラフ ……………………… 81

たれ別

甘辛しょうゆだれ

- ○ 鶏の照り焼き ………………………………… 18
- □ 小松菜とちくわの煮浸し …………………… 22
- ○ 肉団子の黒酢あんかけ ……………………… 24
- ○ ぶりの照り焼き ……………………………… 34
- □ れんこんの山椒きんぴら …………………… 38
- ◎ 味付け卵 ……………………………… 50、76
- □ かぼちゃの甘辛煮 …………………………… 62
- □ ひき肉と卵の甘辛炒め ……………………… 64
- ☆ 豚玉どんぶり ………………………………… 80
- □ なすとオクラの焼き浸し …………………… 93
- □ エリンギと大豆のきんぴら ………………… 100
- △ ごぼうと鶏肉の和風スープ ………………… 104

甘辛みそだれ

- ○ 豚のみそ風味しょうが焼き ………………… 12
- ○ みそだれトンカツ …………………………… 22
- ○ 鮭のごまみそ焼き …………………………… 46
- ○ 梅風味のさばみそ煮 ………………………… 52
- ○ ニラたっぷり麻婆豆腐 ……………………… 68
- ☆ 豆苗と豚肉の辛みそ焼きそば ……………… 89
- □ ピーマンのごまみそ炒め …………………… 92
- □ 大根のみそマヨ炒め ………………………… 96
- □ じゃがいもの山椒みそ炒め ………………… 101

ナンプラー唐辛子だれ

- ○ レンジ蒸し鶏のナンプラーソースがけ …… 26
- □ 厚揚げのナンプラー和え …………………… 40
- □ アボカドのエスニックサラダ ……………… 50
- ○ 菜の花といかのナンプラー炒め …………… 64
- □ 春菊とパクチーのサラダ …………………… 68
- ☆ ツナとレモンの香味パスタ ………………… 87
- □ 白菜のエスニックレモンサラダ …………… 99
- △ オクラと干しえびのスープ ………………… 104

オイスターしょうゆだれ

- ○ えびのピリ辛オイスターソース炒め ……… 42
- ○ 半玉レタスと豚肉のオイスター炒め ……… 74
- ☆ 豚バラとパクチーのチャーハン …………… 84
- ☆ ニラ玉焼きうどん …………………………… 85
- □ キャベツと卵のオイスターだれ炒め ……… 94
- □ にんじんとパプリカのケチャップ炒め …… 95
- △ トマトともやしのピリ辛スープ …………… 103

豆乳マヨだれ
- □ トマトのクリーミーカレーサラダ ……… 16
- □ 洋野菜のホットマヨサラダ ……… 44
- ○ アスパラ肉巻きのチーズパン粉焼き ……… 62
- □ ズッキーニのマスタードマヨサラダ ……… 66
- □ じゃがいもの柚子こしょうマヨ和え ……… 74
- ☆ アボカド明太サラダうどん ……… 88
- □ 白菜とちくわの梅マヨ和え ……… 92
- □ かぼちゃとナッツのサラダ ……… 93
- □ キャベツとホタテの海苔マヨ和え ……… 100

ごま酢しょうゆだれ
- □ きゅうりのごま酢和え ……… 18
- ○ 和風トマトソースのポークソテー ……… 28
- ○ かつおステーキのごま酢ソースがけ ……… 50
- □ ねぎごまレンジ蒸しなす ……… 52
- ○ きゅうりと牛肉のコチュジャンしそ炒め ……… 58
- □ カリカリじゃことトマトのサラダ ……… 70
- ☆ ごまねぎ風味のリーメンどんぶり ……… 83
- □ えのきのコチュジャン和え ……… 97
- □ ミックスビーンズとアボカドのごま酢サラダ ……… 98
- △ きくらげのかき玉スープ ……… 107

しょうゆ昆布だれ
- ○ 鶏のから揚げ ……… 14
- ○ 鮭の南蛮漬け ……… 38
- ◎ キノコの炒め煮 ……… 40、76
- △ 水菜と油揚げの塩麹スープ ……… 46
- ○ かれいの煮付け ……… 48
- □ まぐろとトロロの冷や奴 ……… 60
- ◎ 大根の大葉しょうゆ漬け ……… 76
- ☆ 和風キーマカレー ……… 82
- ☆ ねぎしょうゆのコクうま焼きそば ……… 86
- □ もやしとさつま揚げのカレー煮 ……… 97
- △ 豆腐とキムチのおかずスープ ……… 102
- △ 水菜とはんぺんの和風スープ ……… 103

うま塩昆布だれ
- △ 焼きキノコとクレソンのうま塩スープ ……… 14
- □ ほうれん草とパプリカのガーリック炒め ……… 26
- □ じゃがいもの黒酢炒め ……… 42
- □ キャベツとひじきのさっと炒め ……… 48
- △ パプリカとかまぼこのスープ ……… 58
- ○ 白菜と豚肉の塩レモン蒸し ……… 70
- ○ かぶとキャベツのうま煮 ……… 72
- ☆ セロリとハムのピラフ ……… 81
- □ れんこんのバルサミコグリル ……… 95
- □ 青梗菜のうま塩オイル茹で ……… 96
- □ たことパプリカのピリ辛炒め ……… 98
- □ 長芋のうま塩こんがり焼き ……… 99
- △ かぼちゃのカレースープ ……… 105
- △ 大根の梅昆布スープ ……… 105
- △ ほうれん草と豆腐のスープ ……… 106
- △ かぶとホタテのポタージュ ……… 106

合わせだれなし
- □ たたき長芋の梅和え ……… 12
- ○ 牛肉のレモンマリネソテー ……… 16
- ○ にんにく風味の牛肉のタリアータ ……… 20
- □ マッシュルームのオープンオムレツ ……… 20
- ◎ 紫キャベツの酢漬け ……… 20、77
- □ 大根の青じそたっぷり塩揉みサラダ ……… 24
- ◎ 長芋のみそ漬け ……… 24、78
- ◎ 昆布とかつおの山椒煮 ……… 26、78
- □ レモン入りコールスローサラダ ……… 28
- ○ 手羽先の塩麹バター煮 ……… 30
- □ かぶとオレンジの柚子こしょう和え ……… 30
- △ レタスとベーコンのみそ汁 ……… 34
- ○ さばのトマト蒸し ……… 36
- □ サラダ菜とハムのサラダ ……… 36
- ○ 真鯛とセロリの昆布締め ……… 40
- ○ めかじきのカレーソテー ……… 44
- ◎ かぶとセロリの浅漬け ……… 46、78
- ○ じゃがいもとベーコンのクリーム煮 ……… 56
- □ アンチョビのグリーンサラダ ……… 56
- ◎ 白菜の中華風漬け物 ……… 58、77
- ○ まいたけと桜えびのかき揚げ ……… 60
- ○ トマトと鶏肉のスパイス煮 ……… 66
- □ にんじんとしめじの明太バター和え ……… 72
- ◎ きゅうりと香味野菜の刻み漬け ……… 77
- ◎ かぶの葉のアンチョビ和え ……… 77
- □ 白身魚と紫玉ねぎのマスタード和え ……… 94
- □ 大根と豆苗のザーサイ和え ……… 101
- △ なすと油揚げのみそ汁 ……… 102
- △ ズッキーニと厚揚げのみそ汁 ……… 107

髙山かづえ

料理研究家、ワインソムリエ。10代のころから料理雑誌を愛読し、料理を楽しむ学生生活を送る。大学卒業後に一般企業での勤務を経て、生活情報誌の試作スタッフに。会社のキッチンでレシピを試作する日々を送る。簡単でおいしい家庭料理を伝えたいという思いから、料理家・川津幸子氏に師事し、2012年に独立。以来、雑誌や書籍、Web、広告などさまざまな媒体にレシピを提供。見た目はシンプルだが一口食べるとクセになる、奥深い味わいの料理を得意としている。

STAFF
料理アシスタント　降矢 絵莉子、Roco
撮影　福尾美雪
スタイリング　しのざきたかこ
デザイン　髙橋朱里・菅谷真理子（マルサンカク）
校正　西進社
編集　畑 乃里繁

撮影協力　UTUWA

保存のできる合わせだれで
そこそこきちんと、
まいにち作れるおいしい献立

2019年3月31日　初版第1刷発行

著者　髙山かづえ
発行者　滝口直樹
発行所　株式会社マイナビ出版
　　　　〒101-0003 東京都千代田区一ツ橋2-6-3 一ツ橋ビル2F
　　　　TEL 0480-38-6872(注文専用ダイヤル)
　　　　TEL 03-3556-2731(販売)
　　　　TEL 03-3556-2735(編集)
　　　　E-MAIL　pc-books@mynavi.jp
　　　　URL　http://book.mynavi.jp
印刷・製本　株式会社大丸グラフィックス

・定価はカバーに記載しています。
・本書は著作権法上の保護を受けています。本書の一部または全部について、著者、発行者の許諾を得ずに無断で複写、複製(コピー)、転載、翻訳することは禁じられています。
・内容については左記のメールアドレスまでお問い合わせください。インターネット環境のない方は、往復ハガキまたは返信用切手と返信用封筒を同封のうえ、株式会社マイナビ出版 編集2部書籍編集1課までご質問内容を郵送ください。
・乱丁・落丁についてはTEL: 0480-38-6872(注文専用ダイヤル)、もしくは電子メール：sas@mynavi.jpまでお問い合わせください。
※P.32掲載の「愛用調味料」は著者の私物ですので、現在は購入できない可能性があります。

ISBN978-4-8399-6792-5　C2077
©Kazue Takayama 2019
©Mynavi Publishing Corporation 2019
Printed in Japan